AF533930

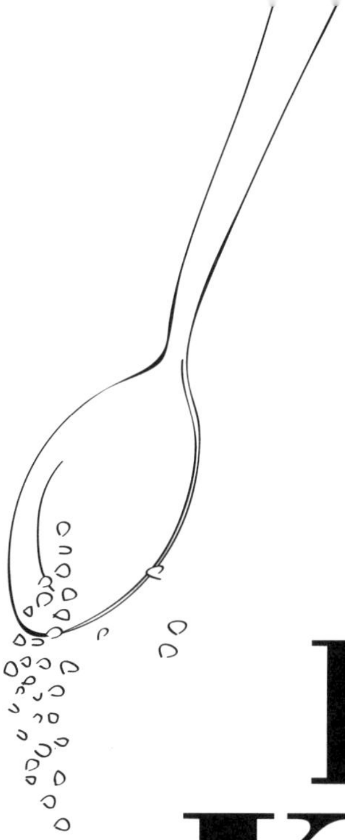

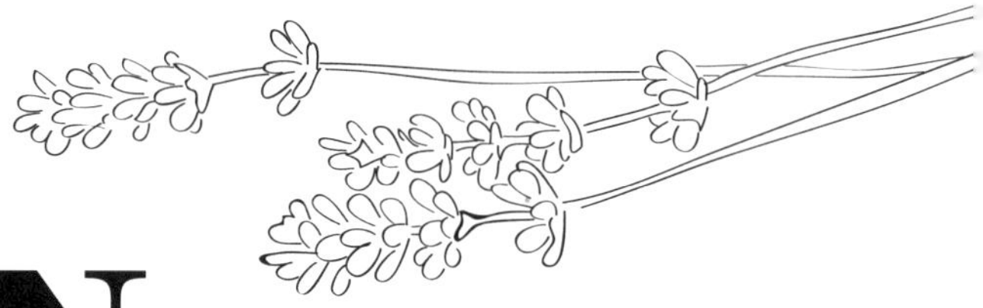

# EIN KOCHBUCH

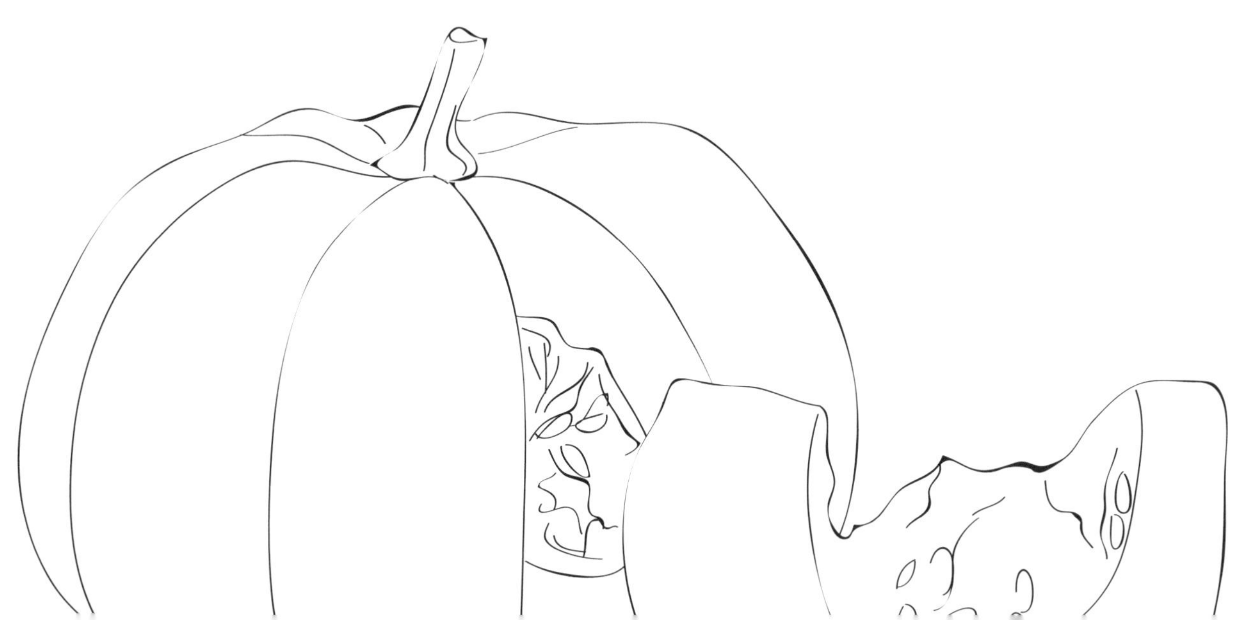

2. Auflage


*Erlerstraße 10, A-6020 Innsbruck*
*E-Mail: loewenzahn@studienverlag.at*
*Internet: www.loewenzahn.at*

*Umschlag- und Buchgestaltung, Illustrationen sowie grafische Umsetzung:*
Verena Stummer, www.juvel.agency
*Fotografien:* Gregor Hofbauer, www.gregorhofbauer.photography

*Geschirr & Gläser:* Privatbestand, www.feinedinge.at und www.muellerglas.at

*Gedruckt auf umweltfreundlichem, chlor- und säurefrei gebleichtem Papier.*

Bibliografische Information Der Deutschen Bibliothek
*Die Deutsche Bibliothek verzeichnet diese Publikation in der Deutschen Nationalbibliografie; detaillierte bibliografische Daten sind im Internet über <http://dnb.ddb.de> abrufbar.*

ISBN 978-3-7066-2641-5

Patricia Stamm & Verena Stummer

# EIN KOCH BUCH

## Neue Schätze für den Vorratsschrank

MIT FOTOGRAFIEN
VON GREGOR HOFBAUER

löwenzahn

# INHALT

## CHUTNEYS, KETCHUPS & CO

## ALLERLEI PIKANTES

## KRÄUTER & SALZE

*Danke, Grazie & Thank you!*

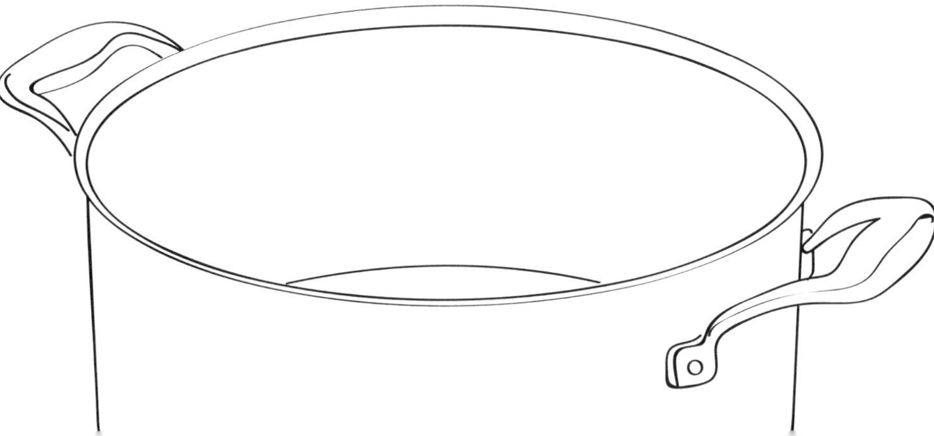

# ÜBER UNS

Einkochen – das macht doch keiner mehr! Da steht man ja ewig in der Küche! Das gibt's doch alles im Supermarkt! – so einige Kommentare mussten wir uns anhören, als wir vor 15 Jahren begonnen haben, unsere ersten Gläser zu befüllen und dann auf einem Mühlviertler Adventmarkt zu verkaufen. Wir waren jedoch überzeugt von unserer Idee und lieben es bis heute, unzählige Dinge einzukochen und auf verschiedenen Märkten hinter unseren eingemachten Delikatessen zu stehen. „Einkochen" hat bei uns Tradition, denn wir sind schon mit den selbstgemachten Konfitüren und eingeweckten Gemüsen unserer Mütter, Omas und Tanten aufgewachsen. Später haben uns vor allem unsere Italienaufenthalte und die mediterrane Küche inspiriert. Unsere Überzeugung daraus: Eine gekaufte Konfitüre schmeckt selten so gut wie eine selbstgemachte. Und einen selbst eingekochten Sugo di Pomodoro im Regal zu haben, ist manchmal die Rettung, wenn der Kühlschrank gerade gar nichts hergibt.

Aus ein paar wenigen Sorten Konfitüre und Tomatensauce zu Beginn ist in den folgenden Jahren eine breite Palette an Produkten geworden – alle mit dem gewissen Etwas. Und alle unter dem Namen „schön und gut" – einer kleinen Manufaktur für Eingekochtes und Handgefertigtes. Denn uns lag von Anfang an, neben dem guten Inhalt, auch ein schönes Äußeres am Herzen. So sind die Gläser über die Jahre von uns auf unzählige Märkte getragen worden und in so manchem ausgewählten Geschäft aufgetaucht. Dabei haben Geschmack und Look immer eine attraktive Einheit gebildet und die Abnehmer begeistert. Und deshalb: Einkochen – wir machen das! Mit Begeisterung!

Wenn Sie also Ihre Gläser gerne an Freunde, Bekannte und Verwandte verschenken und dafür hübsch gestalten möchten, lassen Sie sich doch auf Seite 26 inspirieren und verwenden Sie für den Anfang die beigelegten Etiketten. Die Ergebnisse werden Ihnen und Ihren Lieben dann sicherlich genauso viel Freude machen wie uns in den letzten Jahren.

Viel Spaß also beim Einkochen, Experimentieren und Kreativwerden!

*Verena & Patricia*

KEEP
CALM
&
ADD
PESTO

# UNSER KOCHBUCH

Für dieses Buch haben wir unsere Lieblingsrezepte aus 15 Jahren Einkoch-Erfahrung ausgewählt. Dabei handelt es sich nicht nur um Eingekochtes im herkömmlichen Sinn: In den Kapiteln „Kräuter & Salze“ (ab Seite 115) und „Allerlei Flüssiges“ (ab Seite 133) finden Sie auch einige andere Methoden, Ihren Vorrat mit Schmackhaftem zu ergänzen. Ganz nach dem Motto „Keep it simple“ wollen wir Ihnen zeigen, dass Sie für ein paar tolle Gläser nicht den ganzen Tag in der Küche stehen müssen. Dass manche Vorräte einfach nebenbei entstehen, wie zum Beispiel unsere Sughi und Pesti. Viele der Rezepte eignen sich etwa perfekt zum Sofortessen oder Konservieren eines Rests. Dazu helfen Ihnen unsere Tipps und Kurzrezepte, die Sie immer wieder auf den Rezeptseiten finden. Sie werden also feststellen: Ohne einen Supermarkt geht es in der Regel nicht, aber hier finden Sie Dinge, die es so garantiert nicht zu kaufen gibt!

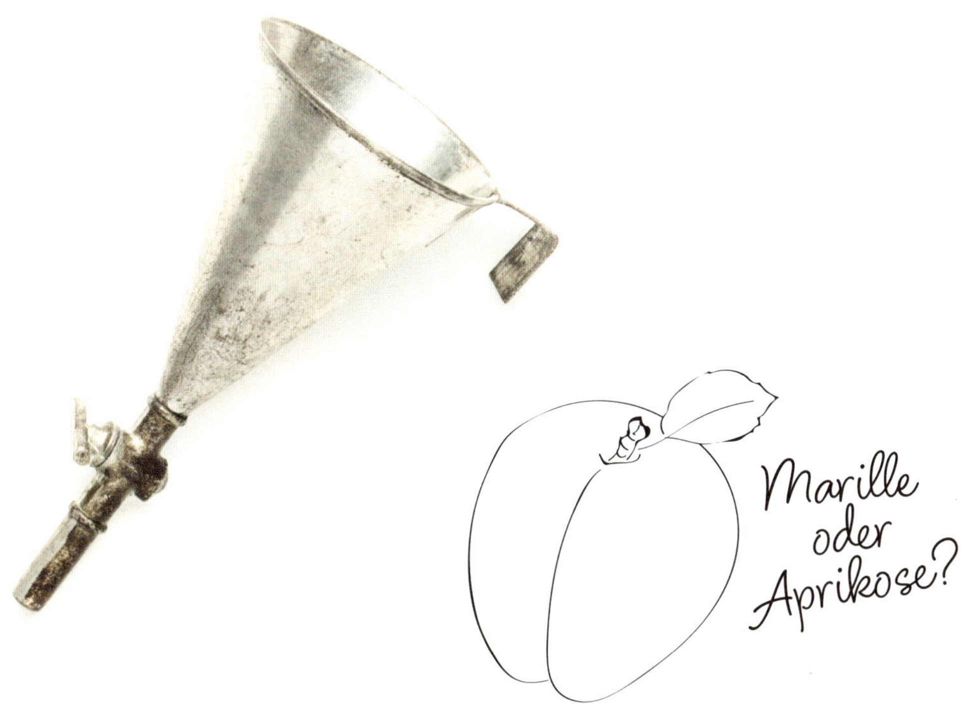


*Für unsere österreichischen Leserinnen und Leser noch ein kleiner, nicht ganz unbedeutender Hinweis: Auch wenn wir selbst beide in Österreich leben und normalerweise österreichische Begriffe verwenden, haben wir in diesem Buch zugunsten der Verständlichkeit im gesamten deutschsprachigen Raum auf regionale Begriffe verzichtet. So wurden unsere Marmeladen zu Konfitüren und die geliebten Marillen zu Aprikosen.*

# *Tipps &* TRICKS

*Wer einkochen will, braucht eine Menge Gläser. Dafür sonst nicht allzu viel – weder unzählige Geräte noch professionelles Koch-Know-how. Spaß am Kochen und Ausprobieren hilft auch dabei. Die wichtigsten Basics und Hinweise zum Einkochen finden Sie in den nächsten Kapiteln.*

# AB INS GLAS UND DECKEL DRAUF

Wir wollen alle unsere Produkte so einfach und schnell haltbarmachen wie möglich. Das heißt, für uns zählen einfache und möglichst sichere Methoden, klassische „Konservierungsmittel" und nur das nötigste Equipment. Auch wenn für unsere Manufaktur das eine oder andere in größeren Mengen zubereitet wird, verwenden wir viele unserer Rezepte nur für den Hausgebrauch – und zuhause haben wir auch keine Profiküche und nicht unendlich viel Platz. Daher sind unsere Rezepte in jeder Küche einfach und unkompliziert umsetzbar! Über die Jahre haben wir viel experimentiert und dabei die Erfahrung gemacht, dass mit ein wenig Gespür für die Zutaten und den Geschmack das Einkochen kein Hexenwerk ist. Auch eine gute Haltbarkeit war, wenn wir uns an die wichtigsten Grundregeln hielten, so gut wie nie ein Problem. In den folgenden beiden Kapiteln stellen wir Ihnen ebendiese Grundlagen und Methoden vor, die für die Zubereitung und das Gelingen unserer Rezepte hilfreich sind.

## GLAS UND DECKEL SIND UNSERE LIEBSTEN HELFER

All unsere Produkte landen am Ende in einem Glas oder in einer Glasflasche. Luftdicht verschließbare Gläser eignen sich einfach perfekt für eine lange Haltbarkeit und eine unkomplizierte Vorratshaltung. Gläser sind vor allem immer wiederverwendbar. Geschlossen müssen sie nicht gekühlt werden und einmal geöffnet finden sie dann auch im kleinsten Kühlschrank Platz. Auch „lose" Mischungen wie Salze und Gewürze bleiben darin trocken. Und wer möchte, kann zum Beispiel einen Sugo direkt im geöffneten Glas in der Mikrowelle heiß machen.

## WAS BEIM EINKOCHEN IM GLAS GESCHIEHT

Keime beziehungsweise Mikroorganismen gibt es überall. Sie sind für das Verderben der meisten Lebensmittel verantwortlich. Die entscheidenden Faktoren, wie Produkte beim Einkochen haltbar gemacht werden können, sind Hitze über eine gewisse Zeit, durch die schädliche Mikroorganismen abgetötet werden, und der luftdichte Verschluss des Glases. Die im Glas eingeschlossene Luft – Gläser dürfen nie ganz angefüllt werden (siehe Seite 18) – erhitzt sich, dehnt sich aus und entweicht. Bei der anschließenden Abkühlung des Inhalts entsteht ein Vakuum, das den Deckel luftdicht verschließt. So können keine neuen Keime ins Glas gelangen. Sie können leicht feststellen, ob ein Glas (noch) richtig dicht ist: Bei Einmachgläsern ist der Deckel auch ohne Metallklammern fest an das Glas gesaugt. Bei Schraubdeckelgläsern ist die Mitte des Deckels leicht eingezogen und lässt sich nicht eindrücken. Wenn Sie das Glas dann öffnen, hören Sie ein Plopp- oder Zischgeräusch.

# WELCHES GLAS IST DAS RICHTIGE?

## SCHRAUBGLÄSER

Bei den Einmachgläsern haben Sie die Qual der Wahl. Es gibt Gläser mit Schraubdeckeln (die sogenannten „Twist-off-Gläser"), die Sie von quasi allen Supermarktprodukten kennen. Sie haben auf der Innenseite des Deckels eine dünne Gummischicht. Das beim Einkochen entstandene Vakuum (siehe Seite 14) presst den Deckel auf das Glas, wodurch die Gummischicht das Glas luftdicht verschließt. Sie sind wesentlich simpler in der Handhabung und ideal für den schnellen Einsatz. Schraubgläser eignen sich vor allem gut bei Produkten, die nur kochend heiß abgefüllt und dann verschlossen werden, wie zum Beispiel Konfitüren (ab Seite 28) und Chutneys (ab Seite 61). Da die Deckel recht empfindlich sind, sich schnell verbiegen und die Gummierung durch Hitze und Säure hart wird, empfehlen wir zur Sicherheit die Deckel nach jedem Einsatz oder zumindest wenn sie nicht mehr einwandfrei aussehen zu tauschen.

## EINMACHGLÄSER

Natürlich gibt es auch die klassischen Einmachgläser, wie zum Beispiel von den Firmen Weck oder Rex, und Drahtbügelgläser. Sie bestehen aus Glas, Glasdeckel, Gummiring zur Abdichtung und Metallspangen zum Verschließen des Deckels während des Einkoch- und Abkühlprozesses. Auch hier werden die Gummis mit der Zeit spröde und brüchig und müssen dann getauscht werden. Die Gläser sind in Sachen Handhabung etwas komplizierter, dafür langlebig und vielfältig verwendbar. Wir empfehlen sie vor allem bei Produkten, die nach dem Abfüllen (nochmals) eingekocht werden, wie zum Beispiel bei Brühen (ab Seite 135), Fleisch- und Fischgerichten und eingekochten Gemüsen, weil in diesen Gläsern nur durch die nachträgliche Erhitzung ein Vakuum erzeugt werden kann. Für Konfitüren sind sie aus unserer Sicht nicht sinnvoll, weil Geliermittel empfindlich auf das nochmalige Erwärmen reagieren können. Hier sind Schraubgläser wesentlich praktischer.

## WIE GROSS SOLLTE DAS GLAS SEIN?

Wir empfehlen Ihnen, die Glasgröße schon beim Einkochen so zu wählen, dass sie an Ihr Essverhalten und an Ihren Haushalt angepasst ist. Wenn Sie täglich Konfitüre mit der Familie zum Frühstück essen, empfehlen sich Gläser mit einem Fassungsvermögen ab 300 Milliliter. Mögen Sie Konfitüre nur hin und wieder zum Käse, sind kleine Gläser mit 150 Milliliter Inhalt sinnvoller.
Wenn Sie in einem Singlehaushalt leben, greifen Sie für Sughi zu Gläsern zwischen 200 und 250 Milliliter Fassungsvermögen, für Suppen zwischen 300 und 350 Milliliter.
Für unsere Rezepte haben wir uns der Einfachheit halber dazu entschieden, die Mengen für drei Glasgrößen anzugeben: kleine Gläser mit etwa 150 Milliliter, mittlere Gläser mit etwa 300 Milliliter und große Gläser mit etwa 500 Milliliter. Wir empfehlen Ihnen auf alle Fälle immer einige Gläser mehr als kalkuliert vorzubereiten, damit Sie dann beim Abfüllen nicht unterbrechen müssen, um weitere Gläser zu suchen, zu reinigen beziehungsweise zu sterilisieren.

# WIE LANGE HÄLT DAS GESCHLOSSENE PRODUKT DANN?

Die Haltbarkeit kann bei im Privathaushalt Eingekochtem nur grob eingeschätzt werden und ist von vielen Faktoren abhängig, wie zum Beispiel von der Lebensmittelqualität, der Sauberkeit bei der Verarbeitung und der Lagerung. Einige Monate bis hin zu einem Jahr sollte der Inhalt in der Regel immer genießbar und dabei auch noch schmackhaft sein. Manchmal kann die Farbe im Laufe der Zeit verblassen, zum Beispiel bei Konfitüren. Das heißt aber erst einmal nicht, dass diese nicht mehr gegessen werden können. Ganz allgemein ist es wichtig, schon beim Einkochen auf den einwandfreien und frischen Zustand der Lebensmittel zu achten und möglichst sauber zu arbeiten. Die Konservierungsmethoden und -mittel zerstören zwar Keime oder verhindern deren Vermehrung, aber ein Keim, der erst gar nicht im Glas ist, bekommt von vornherein gar nicht die Möglichkeit, für Verderben zu sorgen.

Arbeiten und lagern Sie sorgsam und sauber, dann werden viele der eingekochten Lebensmitteln auch wesentlich länger halten. Generell sollten Sie Ihre Gläser hin und wieder kontrollieren. Wenn sich der Deckel eines Schraubglases nach oben wölbt, ist der Inhalt verdorben und muss entsorgt werden (auch der Deckel). Bei Einmachgläsern mit Gummiringen gilt: Liegt der Deckel lose auf dem Glas, ist der Inhalt nicht mehr genießbar und muss mitsamt dem Gummiring entsorgt werden.

Die gefüllten, verschlossenen Gläser sollten Sie kühl, trocken und dunkel lagern. Ideal dafür ist natürlich ein Keller. Wer keinen hat, stellt die Kostbarkeiten in einen dunklen Abstellraum oder in einen Küchenschrank. Wir empfehlen auch unbedingt, jedes Glas, das in den Vorrat wandert, mit einem Etikett zu versehen, das den Inhalt und das Abfülldatum angibt.

Beim Öffnen des Glases ist es wichtig auf das erwünschte Plopp- oder Zischgeräusch zu achten, einen genauen Blick auf den Inhalt zu werfen und am Produkt zu riechen. Verdorbene und verschimmelte Lebensmittel sind in der Regel gut zu erkennen und dann sofort wegzuschmeißen (auch die Deckel oder Gummiringe). Gläser können Sie in einem Topf mindestens drei Minuten auskochen, um Keime abzutöten.

## WENN DAS GLAS DANN OFFEN IST

... wird der köstliche Inhalt am besten gleich aufgebraucht oder im Kühlschrank gelagert. Generell gilt auch hier, je weniger Keime ins Glas gelangen, desto länger hält sich das Produkt. Dazu sollten Sie nur mit sauberem Besteck aus dem Glas schöpfen und dieses nicht über längere Zeit offen herumstehen lassen. Wenn Sie ein bereits geöffnetes Glas wieder aus dem Kühlschrank holen, überprüfen Sie den Inhalt. Je nach Lebensmitteln kann Eingekochtes nämlich zwischen ein paar Tagen, mehreren Wochen oder auch über viele Jahre genießbar bleiben.

Konfitüren haben den Vorteil, dass sie durch den hohen Zuckergehalt auch geöffnet (am besten im Kühlschrank) einige Wochen halten. Ebenso halten zum Beispiel Chutneys, Ketchups und Sirups gut gekühlt noch mehrere Wochen nach dem Öffnen. Bei anderen Produkten, vor allem bei solchen mit Zutaten tierischen Ursprungs, sollten Sie den Inhalt nach dem Öffnen möglichst innerhalb weniger Tage essen. Gewürze, Essige und Liköre halten auch bei Raumtemperatur viele Monate oder sogar Jahre.

# HALTBARMACHEN LEICHT GEMACHT

Uns ist bewusst: Theorie macht nicht unbedingt viel Spaß. Trotzdem haben wir eine Menge unseres Wissens und unserer Erfahrung in diesem Kapitel zusammengefasst. Darunter auch einige wichtige Dinge, die Sie später nicht bei den einzelnen Rezepten finden. Also, riskieren Sie doch einen Blick …

## HITZE IST UNSER ALLER FREUND

Die meisten unserer Produkte werden durch Hitze konserviert. Entweder indem sie heiß abgefüllt werden oder nach dem Abfüllen ins Glas erhitzt werden (oder beides). Dabei hängen Temperatur und Einkochzeit vom Lebensmittel ab: Zum Beispiel werden frucht- und zuckerhaltige Produkte weniger stark und nur kurz erhitzt, hingegen Fleischprodukte stärker und länger. Die Hitze tötet einerseits schädliche Keime ab und schafft andererseits ein Vakuum im Glas. Welches Produkt wie haltbar zu machen ist, finden Sie im Zubereitungstext unserer Rezepte.

## SUPER SAUBER UND ZÜGIG ARBEITEN

Achten Sie bei allen Arbeitsschritten auf einen sauberen Arbeitsplatz und saubere Arbeitsutensilien. Waschen Sie die Gläser vor dem Gebrauch heiß aus und stellen Sie sie kopfüber auf ein Küchentuch. Alternativ können Sie die Gläser auch für einige Minuten in den circa 150 °C heißen Backofen stellen.

Wiederverwendete Schraubdeckel oder Gummiringe von Einmachgläsern werden vor Verwendung mit kochend heißem Wasser und einem Schuss Essig übergossen und bleiben zwei bis drei Minuten in dieser Flüssigkeit liegen. Danach werden sie abermals mit kochendem Wasser, aber diesmal ohne Essig, übergossen und bis zur Verwendung darin gelassen. Wenn Sie neue Gläser verwenden, dann spülen Sie diese mit sehr heißem Wasser und etwas Spülmittel aus oder stellen Sie sie für einen Durchgang in die Geschirrspülmaschine. Wichtig ist auch beim Abfüllen selbst schnell und sauber zu arbeiten.

Bitte beachten Sie: Fabrikneue Schraubdeckel sollten Sie vor der ersten Verwendung nicht mit kochendem Wasser übergießen, sondern nur warm abspülen. Die Gummischicht auf der Innenseite der Deckel ist so konstruiert, dass sie sich beim ersten Erhitzen leicht verflüssigt und sich in die feinen Rillen am oberen Rand der Gläser legt. Beim Abkühlen härtet sie dann wieder aus und verschließt die Gläser dadurch besonders dicht.

Damit sich die Gläser luftdicht verschließen, dürfen weder die Glasränder noch die Gummiringe oder Deckel mit dem Einkochgut „verschmutzt" werden. Darum empfehlen wir Ihnen unbedingt einen Einfülltrichter zu verwenden und das Produkt mit einem Schöpflöffel einzufüllen. Ist der Rand des Glases doch schmutzig geworden, wischen Sie ihn mit einem sauberen Tuch ab.

Die Gläser sollten nie ganz gefüllt werden. Bei Produkten, die heiß in Schraubgläser abgefüllt werden, lassen Sie circa einen Zentimeter bis zum Rand frei. Gläser, die eingekocht werden, füllen Sie nur bis zwei Zentimeter unter den Rand an, damit sich das Gut beim Einkochen noch ausdehnen kann.

## WIE GEHT DAS JETZT GENAU MIT DEN GLÄSERN?

### SCHRAUBGLÄSER

Bei Produkten, die nicht noch im Glas eingekocht werden (wie zum Beispiel Konfitüren, Chutneys und vegetarische Sughi), ist es am besten, die Masse im Topf während des Abfüllens sehr heiß beziehungsweise kochend zu halten. Füllen Sie dann immer einige wenige Gläser hintereinander und verschließen Sie sie sofort mit dem Deckel, bevor Sie sich an die nächsten Gläser machen. Lassen Sie die Gläser möglichst ruhig stehen, bis sie ausgekühlt sind. Wenn die Deckel sich dann aufgrund des Vakuums einziehen, ist ein Knackgeräusch zu hören.
Bei den meisten Schraubdeckeln kann man nach dem Abkühlen leicht erkennen, ob die Gläser dicht sind: Die Kuhle in der Mitte ist eingezogen, fühlt sich fest an und gibt nicht federnd nach, wenn man darauf drückt.

Oft ist zu lesen, dass man die Schraubgläser nach dem Verschließen auf den Kopf stellen soll, damit auch im Deckelbereich durch die Hitze des Einmachgutes mögliche Keime abgetötet werden. Wir machen das bei unseren Gläsern nicht und haben damit gute Erfahrungen gemacht. Wer die Gläser trotzdem wenden möchte, sollte sie nur für wenige Minuten kopfüber stehen lassen. Die Luft unter dem Deckel soll sich nämlich durch die Hitze stark erwärmen und aus dem Glas gepresst werden, damit ein Vakuum entsteht. Dies ist bei gedrehten Gläsern nicht möglich.

### EINMACHGLÄSER

Bei diesen Gläsern ist es nicht notwendig, das Einfüllgut extrem heiß abzufüllen. Es kann sogar kalt sein. Sie werden nach dem Verschließen sowieso noch „eingekocht“, also je nach Inhalt und Größe für eine bestimmte Zeit auf eine bestimmte Temperatur erhitzt. Einmachgläser verschließen Sie, indem Sie zuerst den Gummiring auf den Glasdeckel aufgelegen. Dann legen Sie den Deckel mit dem Gummiring auf das Glas und verschließen es mit zwei Federklammern, die Sie gegenüberliegend anbringen. Angebracht werden die Klammern an der Vertiefung des Deckels und dann werden sie nach unten gedrückt. Nach dem Einkochen und der Abkühlphase können die Klammern wieder entfernt werden. Der Deckel wird durch das Vakuum im Glas angepresst und lässt sich nicht mehr abheben. Um das Glas zu öffnen, ziehen Sie an der Lasche des Gummiringes, bis ein Zischgeräusch zu hören ist und der Deckel sich löst. Bei Drahtbügelgläsern verschließen Sie den Bügel und lassen diesen auch verschlossen, bis Sie das Glas wieder öffnen.

## KÜCHENHELFER

Neben Gläsern verwenden wir fürs Einkochen im Grunde ausschließlich Utensilien und Geräte, die sich in den meisten Haushaltsküchen finden. Daneben gibt es ein paar wenige unverzichtbare Helfer, die wir für unsere Rezepte immer wieder verwenden.

Absolut essentiell sind ein Abfülltrichter – gerne aus Metall und idealerweise mit einem Aufsatz für kleinere Gläser und Flaschenhälse –, ein großer und ein kleiner Schöpflöffel. Nur so können Sie Ihre Gläser wirklich sauber befüllen. Hilfreich für unsere Rezepte finden wir außerdem einen Mörser für Gewürze, einen guten Pürierstab und eine Passiermühle (die gute alte „Flotte Lotte"). Hin und wieder verwenden wir auch einen Universalzerkleinerer. Das ist ein handliches und äußerst praktisches Gerät, das bei kleinen Mengen den Stabmixer ersetzt oder sich zum Mahlen von Gewürzen eignet. Das alles sind kleine Anschaffungen, die Ihnen den Küchenalltag sehr erleichtern, nicht nur beim Einkochen!

Wer gerne Gelees kocht, viel Obst zu verarbeiten hat und entsaften möchte, kann sich Gedanken über die Anschaffung eines Dampfentsafters machen. Das Praktische daran ist: Säfte können direkt aus dem Entsafter heiß in Schraubflaschen abgefüllt und so haltbar gemacht werden.
Da in vielen unserer Rezepte, vor allem bei den Gelees, Säfte verwendet werden, aber natürlich nicht jeder einen Dampfentsafter zuhause hat oder anschaffen möchte, gibt es auch Alternativen dazu: Sie können das Obst mit wenig Wasser und Zucker in einen Kochtopf geben, je nach Härte einige Minuten weichkochen und dann durch ein feines Sieb oder Baumwolltuch abgießen. In Stücke geschnittene Äpfel brauchen etwa 20 Minuten, Beeren circa zehn Minuten. Wer nicht auf eigenes Obst und selbstgemachte Säfte zurückgreifen kann, der findet in Supermärkten, Bioläden und teils auch auf Wochenmärkten gute Direktsäfte.

## KONFITÜRE KOCHEN

Zuallererst müssen Sie sich entscheiden, mit welcher Methode Sie Ihre Konfitüre kochen möchten. Wir stellen Ihnen hier zwei sehr gebräuchliche und sichere Vorgehensweisen vor: gelieren mit einer selbstgemischten Pektin-Zucker-Mischung oder mit gekauftem Gelierzucker, welcher ebenfalls Pektin als Geliermittel enthält. Da für uns die selbstgemischte Variante mehr Vorteile bietet, wenden wir sie bei unseren Rezepten ausschließlich an. Bei diesen finden Sie dann auch die genauen Angaben zu den jeweiligen Mengen. Wer eher auf die Methode mit fertigen Gelierzuckermischungen vertraut, kann diese natürlich auch verwenden. Generell gilt: Da Pektin im Laufe der Zeit seine Gelierkraft verliert, empfehlen wir Pektin und Gelierzucker nach Ablauf der Mindesthaltbarkeit nicht mehr zu verwenden!

### ENTWEDER MIT ZUCKER PLUS PEKTIN

Pektin ist ein natürlicher Stoff, der in vielen Früchten in unterschiedlichen Mengen vorkommt. Handelsübliches Pektin zum Gelieren von Konfitüren und Gelees wird in der Regel aus Äpfeln, Zitrusfrüchten oder Rüben gewonnen und ist rein pflanzlich (vegan). Der große Vorteil bei der Verwendung von losem Pektin ist, dass die Zuckermenge besser auf den persönlichen Geschmack und natürlich auch auf die verwendete Frucht und deren Reifegrad abgestimmt werden kann. Außerdem kann durch das gezielte Nachjustieren mit weiterem Pektin nach der Gelierprobe (Seite 22) eine größere Menge auf einmal eingekocht werden, während bei Gelierzucker die Maximalmenge nicht überschritten werden sollte. Je nach Obstsorte und Flüssigkeitsgehalt des Obstes werden 30 bis 50 Gramm Pektin pro Kilogramm Frucht verwendet. Da die benötigte Menge eben immer leicht variiert, ist sie daher bei unseren Rezepten mit einem von-bis-Wert angegeben. Die empfohlene Menge ist auch immer auf den Verpackungen der Hersteller vermerkt. Manche Früchte, wie zum Beispiel Quitten und Zitronen, haben einen relativ hohen Pektingehalt und gelieren mehr oder weniger schon von allein. Bei der Zubereitung mit Pektin wird also ein Teil des Zuckers mit dem Pektin vermischt. Die Konfitürenmasse, bestehend aus Frucht und Zucker, wird nach dem eigenen Geschmack fast fertig gekocht, dann die Pektin-Zucker-Mischung hinzugefügt und fünf Minuten fertig gekocht, bis die Masse geliert.

### ODER MIT GELIERZUCKER

Bei den fertig gemischten Gelierzuckern wurde dem Zucker bereits eine entsprechende Menge an Pektin, teils auch Säuerungs- und Konservierungsmittel zugefügt. In den Supermärkten finden sich meistens die Varianten 1:1, 1:2 und 1:3, die sich auf die zu verwendende Zuckermenge im Verhältnis zur Fruchtmenge beziehen. Wer es gerne süß mag, nimmt also einen Gelierzucker mit Verhältnis 1:1, die Konfitüre ist dann durch den höheren Zuckergehalt auch besonders lange haltbar. Wer Zucker sparen möchte, greift zu Gelierzuckern, die im Verhältnis 1:2 oder 1:3 anzuwenden sind. Durch die niedrigere Zuckermenge ist jedoch eine längere Konservierung nicht sichergestellt. Darum enthalten diese Gelierzucker zusätzlich ein Konservierungsmittel (meistens Sorbinsäure). Wichtig bei allen fertig gemischten Gelierzuckern ist die Packungsanweisung zu befolgen und auch immer nur die angegebene Maximalmenge (meistens drei Kilogramm Frucht) einzukochen, weil die Masse sonst gegebenenfalls nicht geliert.

Bei unseren Konfitürenrezepten gehen wir in der Regel von drei Kilogramm Frucht aus beziehungsweise bei den Gelees von drei Litern Saft. Wenn Sie also fertigen Gelierzucker verwenden wollen, nehmen Sie drei Kilogramm des 1:1-Zuckers, eineinhalb Kilogramm des 1:2-Zuckers beziehungsweise ein Kilogramm des 1:3-Zuckers. Da Gelees mehr Geliermittel benötigen, verwenden Sie auf drei Liter Saft vier Kilogramm des 1:1-Zuckers, zwei Kilogramm des 1:2-Zuckers beziehungsweise ein und ein Drittel Kilogramm des 1:3-Zuckers.

### DER ZUCKER MACHT DIE HALTBARKEIT

Schön süß muss es sein! Denn egal für welche der beiden Methoden Sie sich entscheiden, verwenden

Sie auf alle Fälle ausreichend Zucker. Konfitüren werden nicht nur durch die Hitze haltbar, sondern auch der darin enthaltene Zucker wirkt konservierend. Er entzieht dem Obst Flüssigkeit und verhindert so die Entwicklung von schädlichen Keimen. Für eine lange Haltbarkeit sollte die Zuckermenge daher immer mindestens ein Drittel des Fruchtgewichts betragen, besser mehr. Konfitüren, bei denen gleich viel Zucker wie Frucht verwendet wird, können auch geöffnet noch längere Zeit aufbewahrt und gegessen werden. Wenn die für die Haltbarkeit benötigte Zuckermenge für Ihren persönlichen Geschmack bereits zu süß ist, können Sie mit ein wenig Zitronensäure gegensteuern.

### WELCHEN ZUCKER VERWENDEN WIR?

Wir sehen unsere Konfitüren als Genussmittel, das nicht in großen Mengen konsumiert wird. Daher sind alle Rezepte, wenn nicht anders angegeben, mit gängigem, einheimischem Kristallzucker aus Zuckerrüben hergestellt. Uns ist dabei sowohl die Geschmacksneutralität als auch die Regionalität wichtig. Wer aus persönlichen Gründen andere Süßungsmittel verwenden möchte, kann dies gerne tun und die Rezepte daran anpassen. Wer aus gesundheitlichen Gründen keinen normalen Zucker verwenden kann, findet spezielle Gelierzucker für Diabetiker oder Allergiker in entsprechenden Supermärkten. Auch Geliermittel auf Basis von Stevia sind mittlerweile erhältlich. Für all diese Produkte finden Sie Angaben zur Anwendung auf der jeweiligen Verpackung. Für kaltgerührte Konfitüren (ohne Kochen) gibt es ebenfalls spezielle Zuckerprodukte. Diese besonders fruchtigen Konfitüren sind nicht lange haltbar und sollten gleich verzehrt werden.

### VON DER FRUCHT ZUR KONFITÜRE – SO GEHT'S!

Zum Konfitürekochen wird das Obst der Wahl gewaschen, falls notwendig entkernt und/oder aufgeschnitten und in einem ausreichend großen Topf (Konfitüren kochen gerne hoch) mit dem Zucker vermengt. Wir verwenden bei einer Standardmenge von drei Kilogramm Frucht einen 10-Liter-Topf. Bei wasserreichem Obst ist es sinnvoll, die Mischung einige Zeit stehen und ziehen zu lassen. Danach wird die Masse bei starker Hitze und unter stetem Rühren mit einem Kochlöffel (die Masse brennt gerne an) aufgekocht und einige Minuten sprudelnd weitergekocht. Falls sich beim Kochen ein fester Schaum bildet, wird dieser am Ende der Kochzeit, am besten mit einem Schöpflöffel oder einem flachen Löffel, vorsichtig abgeschöpft. Wir

empfehlen Ihnen immer etwas Zitronensaft oder Zitronensäure parat zu haben. Zitrone verstärkt den Geschmack der Frucht und die Säure erleichtert das Gelieren. Schmecken Sie also nach Belieben ab. Wenn Sie Pektin verwenden, sollten Sie beachten, dass es Klumpen bilden kann, wenn Sie das pure Pulver direkt in die kochende Konfitüre geben. Daher empfehlen wir Ihnen, das Pektin mit einem Teil des zu verwendenden Zuckers (doppelte Menge des Pektins) zu vermischen und diese Mischung dann unter kräftigem Rühren in die kochende Masse zu geben und fünf Minuten zu kochen. Anschließend wird die fertige Konfitüre wie auf Seite 17 beschrieben kochend heiß und umgehend in Gläser (am besten mit Schraubdeckel) abgefüllt.

### IMMER GELIERPROBE MACHEN

Bevor Sie die Konfitüre abfüllen, sollten Sie unbedingt eine Gelierprobe machen. Hierfür geben Sie einen Klecks Konfitüre auf einen (eis-)kalten Teller (am besten legen Sie kleine Tellerchen in Ihren Gefrierschrank). Wenn die Masse darauf nach kurzer Zeit fest wird, einen Wasserrand bildet und bei Schräghalten des Tellers nicht hinunterläuft, dann ist die Konfitüre fertig geliert. Falls die Konfitüre noch nicht geliert, sollten Sie mit etwas Geliermittel und Zitronensäure nachhelfen. Dabei ist bei der Verwendung von Pektin hilfreich, wenn Sie eine etwas größere Menge als im Rezept angegeben mit Zucker anrühren, damit Sie gut nachdosieren können, falls die Konfitüre mit der im Rezept angegebenen Menge nicht geliert.

## EINKOCHEN IM GLAS

Hier finden Sie einen Überblick über die gängigsten Methoden zum Einkochen im Glas. Die jeweiligen Einkochzeiten sind vom Produkt und von der Größe der Gläser abhängig. Die von uns empfohlenen Einkochzeiten finden Sie bei den jeweiligen Rezepten.

### IM EINKOCHAUTOMATEN

Wer viel einkocht, sollte sich Gedanken über die Anschaffung eines Einkochautomaten machen (falls Sie noch keinen haben). Dieser Automat erleichtert Ihnen das Einkochen größerer Mengen enorm, weil er automatisch die Einkochzeit und Einkochtemperatur übernimmt. Er funktioniert unabhängig vom Herd und benötigt lediglich einen Stromanschluss. Es gibt Einkochautomaten oder Einkochtöpfe namhafter Hersteller in verschiedenen Größen, Ausführungen und mit unterschiedlichen Zusatzfunktionen. Da sie sich in der Handhabung teilweise unterscheiden und genaue Beschreibungen beziehungsweise Einkochtabellen beiliegen, gehen wir hier nicht näher auf die Handhabung ein.

### IM BACKOFEN

Als Alternative zum Automaten können Sie Ihre Gläser auch im haushaltsüblichen Backofen einkochen. Sinnvoll ist, wenn Sie zuerst einen Blick in die Bedienungsanleitung Ihres Backofens werfen. Dort finden sich in der Regel Angaben zu Ofeneinstellungen, Einkochtemperaturen und -zeiten entsprechend dem Hersteller.

Zum Einkochen benötigen Sie lediglich eine Saft-/Fettpfanne, also ein tiefes Backblech. Legen Sie das Blech mit einem Küchentuch aus und schieben es auf der untersten Schiene in den Backofen. Stellen Sie die Gläser so darauf, dass sie sich nicht berühren und füllen das Blech mit circa zwei Zentimeter Wasser an. Das Wasser sollte eine ähnliche Temperatur wie der Glasinhalt haben, um Spannungen zu vermeiden – wenn Sie also heiße Suppe einkochen, nehmen Sie heißes Wasser, bei kalten Früchten kaltes.

Stellen Sie bei Ober- und/oder Unterhitze 175 °C ein und belassen Sie diese Temperatur, bis im Glas kleine Luftbläschen aufsteigen. Dann beginnt die eigentliche Einkochzeit. Bei Gemüse, Saucen und Fleischgerichten, wie zum Beispiel auch unserer Hühnersuppe (Seite 135) und der Pho Bo (Seite 137), stellen Sie die Temperatur dann für die Dauer der angegebenen Einkochzeit auf 150 °C zurück. Dann den Ofen ausschalten und die Gläser noch weitere 30 Minuten im geschlossenen Ofen lassen. Bei Obst schalten Sie den Backofen aus, sobald Bläschen aufsteigen und lassen die Gläser für 30 Minuten im geschlossenen Ofen.

Bitte beachten Sie: Breiartiges Einkochgut, wie zum Beispiel Pesto, dicke Fleischgerichte und Pasteten eignen sich nicht für das Einkochen im Backofen, weil bei dieser Konsistenz keine aufsteigenden Luftbläschen entstehen beziehungsweise nicht erkennbar sind und deshalb der Beginn der Einkochzeit nicht festgestellt werden kann. Dann bitte einen Einkochautomaten oder Topf verwenden.

### IM TOPF

Sie können Ihre Gläser auch in einem normalen Kochtopf am Herd einkochen. Diese Methode eignet sich bei einer kleinen Anzahl an Gläsern und bei breiartigen Produkten, wie zum Beispiel unseren Aufstrichen (ab Seite 103) und Kräuterpesti (ab Seite 117). Verwenden Sie dabei annähernd gleich große und gleich hohe Gläser. Wählen Sie einen Topf mit Deckel, in dem alle Gläser gut stehen können, ohne sich zu berühren. Den Boden des Topfes legen Sie mit einem Küchentuch oder -papier aus, platzieren die Gläser ohne Kontakt zueinander darauf und füllen dann den Topf mit Wasser so weit auf, dass die Gläser mindestens zu zwei Dritteln im Wasser stehen. Sie können die Gläser theoretisch auch übereinander stapeln. Dann müssen die obersten Gläser zu zwei Dritteln unter Wasser sein. Das Wasser sollte eine ähnliche Temperatur haben wie der Glasinhalt, um Spannungen zu vermeiden – wenn Sie also heißen Sugo einkochen, nehmen Sie heißes Wasser, bei kalten Pesti kaltes. Verschließen Sie den Topf mit dem Deckel und bringen Sie das Wasser langsam zum Kochen. Der Inhalt der Gläser muss sich miterwärmen können. Sobald das Wasser kocht, beginnt die Einkochzeit. Reduzieren Sie jetzt die Temperatur so weit, dass das Wasser für die Dauer des Einkochvorgangs leicht weiter köchelt. Dann die Gläser noch weitere 20 bis 30 Minuten im Wasser stehen lassen, entnehmen und vollständig abkühlen lassen.

## KONSERVIEREN VON FLEISCH ODER FISCH

Tierische Produkte enthalten meist von vornherein eine größere Anzahl an Keimen. Hinzu kommt, dass diese sich in diesen Produkten besonders schnell vermehren. Meist enthalten die Rezepte auch wenig Salz, Zucker, Essig oder Alkohol, welche keimhemmend wirken könnten. Es gilt die Hauptregel, dass das Fleisch und die Wurst vor dem Einfüllen in die Gläser komplett durchgekocht, -geschmort oder -gebraten sein müssen. Denn roh gebliebene Teile bewirken ein schnelles Verderben im Einkochglas.

Die sicherste Methode zum Einkochen von fleisch- oder fischhaltigen Speisen ist die Konservierung im Druck-Einmachgerät oder Schnellkochtopf, weil sie die Gläser auf bis zu 120 °C erhitzen. Da wir für den privaten Gebrauch, so wie wahrscheinlich die meisten von Ihnen, keines dieser Geräte besitzen, ist die sicherste Methode die Produkte zweimal zu konservieren. Bei Schraubgläsern werden die Produkte zuerst heiß abgefüllt, sofort verschlossen und danach noch eingekocht. Bei Einmachgläsern kocht man die Gläser nach 24 Stunden ein zweites Mal ein. Auch Gläser mit rein pflanzlichen Produkten können, aber müssen nicht zwingend zweimal erhitzt werden. Wir tun das in der Regel nicht, weil es zu Geschmacksverlusten kommt und zeitaufwendig ist.

## WEITERE ZUTATEN UND METHODEN, DIE HALTBAR MACHEN

### SALZ

Salz wirkt auf Lebensmittel ähnlich wie Zucker. Es entzieht Wasser und macht den Keimen so das Leben schwer. Wir verwenden Salz als Hauptkonservierungsmittel bei unserem italienischen Kräutersalz (Seite 125), wo es die enthaltenen Kräuter und den Knoblauch haltbar macht, und bei der getrockneten Gemüsebrühe (Seite 129).

### ESSIG

Essig hat einen hohen Säuregehalt und hemmt so die schädlichen Mikroorganismen. Wir verwenden ihn bei unseren mit Früchten oder Blüten versetzten Essigen (ab Seite 139), bei unseren Chutneys (ab Seite 61) und bei den süß-sauer eingelegten Zucchini (Seite 93).

### ALKOHOL

Auch ein gewisser Gehalt an Alkohol verhindert das Wachstum von Keimen. In Kombination mit Zucker sind so zum Beispiel unsere Liköre (ab Seite 153) für lange Zeit haltbar.

### EINFRIEREN GEHT AUCH

Wir empfehlen das Einfrieren unter anderem bei Zutaten, die nicht sofort eingekocht werden können, wie zum Beispiel bei großen Mengen Obst, das frisch nicht lange hält und auch aufgetaut eine tolle Konfitüre ergibt.
Es können auch fertige Produkte, bei denen man keine Zeit zum Konservieren hat, im Glas eingefroren werden, wie zum Beispiel Sughi oder Suppen. Dann sollten Sie die Gläser aber nur zu drei Vierteln füllen, weil sich die Flüssigkeit beim Gefrieren ausdehnen und das Glas dann zerbrechen könnte. Bestens eignet sich auch Pesto, das im Glas oder aber auch in Eiswürfelformen portionsweise eingefroren werden kann.

## JA, WAS KOCHEN WIR DENN NUN EIN?

Finden und finden lassen – bei den Zutaten heißt es, die Augen offen zu halten und sich manchmal auch spontan inspirieren zu lassen. Sie können mutig sein und die Rezepte auch einmal variieren.
Wer über einen eigenen Obst- und Gemüsegarten verfügt, der stellt sich die Frage nach genügend frischen Zutaten oft nicht. Da heißt es vielmehr, immer wieder gute und unkomplizierte Lösungen für große Mengen zu finden. Aber auch die Städter unter uns, die maximal über einen Balkon oder eine Dachterrasse verfügen, finden heutzutage Möglichkeiten Obst und Gemüse fürs Einkochen zu finden. Zur gleichen Jahreszeit, zu der Gärtnerin und Gärtner reiche Ernten einfahren, lassen sich frische Produkte problemlos in größeren Mengen günstig einkaufen. Wichtig dabei ist für uns auf regionale

Qualität zu achten. Besuchen Sie doch einfach einmal den nächstgelegenen Bauernmarkt. Wer Lust hat in der Stadt auch ohne eigenen Garten zu gärtnern, der kann sich einem der vielen Urban-Gardening-Projekte anschließen. Für diverse Kräuter und ein wenig Gemüse eignet sich auch der eigene Balkon und zur Not die Fensterbank.
Beeren und Pilze können mit der entsprechenden Artenkenntnis in der Natur gesammelt werden.
Mittlerweile gibt es auch Initiativen und Netzwerke zur Selbstversorgung, vor allem im Einzugsbereich von Großstädten, die Ihnen helfen, Lebensmittel zu beziehen. Kostenlose Online-Plattformen weisen zum Beispiel auf ungenützte Obstbäume in der Stadt und auf dem Land hin.

Auch wir leben beide in der Großstadt, haben nur einen Balkon und leider keinen Garten. Dafür haben wir es uns angewöhnt, bei Bekannten mit Gemüsegärten oder Obstbäumen die Ohren offen zu halten. Und wenn wir dann wieder einmal die Verwandtschaft am Land besuchen, werden deren Bestände geplündert (auf Nachfrage natürlich). Als Gegenleistung gibt es dann eingekochte Köstlichkeiten.

## MIT WENIGEN ZUTATEN STARTKLAR

Viel braucht es nicht, um auf unverhoffte Einkochaktionen vorbereitet zu sein. Es gibt Dinge, bei denen es immer gut ist, sie im Haus zu haben (nicht nur zum Einkochen). Dazu gehören auf alle Fälle Salz, Zucker, ein relativ neutraler Essig (zum Beispiel Weißweinessig) und gutes Öl (zum Beispiel aus Raps oder Oliven) als universelle (Einkoch-) Zutaten. Klassiker wie Knoblauch und Zwiebel sowie Ingwer und getrocknete Chili schaden auch nie. Wenn Sie dann noch ein Päckchen Pektin und ein paar leere Gläser und Flaschen auf Vorrat haben, sind Sie eigentlich allzeit bereit.

## WELCHE MENGEN WERDEN EINGEKOCHT?

Unsere Rezepte sind in der Regel auf den normalen Hausgebrauch ausgelegt. Bei Eingekochtem, bei dem der tägliche Verbrauch höher ist oder das auch öfter verschenkt wird, haben wir mit einer größeren Menge gerechnet. Konfitüre von einer Sorte Obst zum Beispiel kocht man meistens nur einmal im Jahr und dann gleich einen großen Topf voll. Bei sehr speziellen Rezepten, bei geringeren Haltbarkeiten oder bei Produkten, die nebenbei entstehen, geben wir Mengen für weniger Gläser an. Schließlich und endlich soll ja die Herstellung aller Produkte in einer normalen Haushaltsküche zu bewältigen sein.

Natürlich können Sie alle Rezepte auf Ihren Bedarf umlegen. Allerdings bitten wir zu beachten, dass es durchaus eine Rolle spielt, wie viel Sie auf einmal/ in einem Topf kochen. Die Verdunstung spielt dabei eine wichtige Rolle. Bei kleineren Mengen verdunsten Flüssigkeiten beim Kochen schneller, daher kann es notwendig sein, Flüssigkeit nachzugeben oder aber zum Beispiel bei Konfitüren Geliermittel zu reduzieren.

Am Ende ist wichtig, dass Sie beim Kochen in Ihrer Küche, auf Ihrem Herd, mit Ihren Töpfen und Ihren Mengen ein Gespür für die Rezepte und Produkte entwickeln. Also immer ein bisschen ausprobieren, Erfahrungen sammeln und auch die Rezepte an Ihren Geschmack anpassen und variieren. Vergessen Sie nicht Ihre Kreationen aufzuschreiben, um sie später zu wiederholen, wenn sie gelungen sind!

# SCHÖN UND GUT SCHENKEN

Das Auge isst mit!

Ihre Köstlichkeiten im Glas sind tolle Geschenke für Ihre Familie und Freunde. Ein bisschen aufgeputzt sind sie schnell. Dabei können Sie so richtig kreativ werden und all die Liebe, die in den Inhalt geflossen ist, auch nach außen hin sichtbar machen. Vielleicht lassen Sie sich vom Anlass oder von der Saison inspirieren.

Schöne (Geschenk-)Papiere oder Stoffe dienen als Häubchen oder Banderole. Kleine Zweige von Kräutern oder Sträuchern sehen hübsch aus und duften dabei noch angenehm. Zu Weihnachten empfiehlt sich zum Beispiel ein kleiner Tannen- oder Mistelzweig. Naturfarbene oder knallig bunte Garne und Bänder – ganz nach Ihrem persönlichen Geschmack – halten alles zusammen.

Wichtig ist aus unserer Sicht vor allem, dass Sie angeben, was sich Schmackhaftes im Glas befindet und wann es eingekocht wurde. Sinnvoll ist zum Beispiel auch, dass Sie vermerken, wenn Alkohol enthalten ist. Dabei helfen Ihnen auch die im Buch beigelegten Anhänger. Da diese vielleicht bald aufgebraucht sind, haben wir Ihnen weitere Varianten zum Download bereitgestellt:
*www.schoenundgutessen.at*

Schere & Stift bereithalten!

*Schon im Sommer für Weihnachten vorsorgen!*

# Konfitüren & GELEES

*Einen guten Morgen wünschen wir! Egal ob in entspannter Ruhe oder mit der ganzen Familie – der Tag startet für uns am besten mit einer süßen, fruchtigen Köstlichkeit. Unsere Konfitüren und Gelees sind aber auch zu Herzhaftem delikat.*

**GUT ZU WISSEN:**

*Die ausgekratzten Vanilleschoten nicht wegwerfen, sondern bei anderer Gelegenheit mitkochen oder für Vanillezucker beziehungsweise Vanillesalz grob geschnitten in ein Glas mit Zucker beziehungsweise Salz geben (zum Beispiel für das Lavendel-Vanille-Salz auf Seite 127).*

**FÜR DEN SCHNELLEN SNACK:**

*Wir empfehlen geröstetes Weißbrot mit Camembert und Avocado, garniert mit Edler Erdbeere und frisch zerstoßenem Rosa Pfeffer.*

*Mahlzeit!*

*Eine der ersten heimischen Obstsorten im Einkochjahr sind Erdbeeren mit ihrem unverwechselbaren Geschmack nach Frühling. Sie sind roh nicht lange haltbar, eignen sich jedoch hervorragend zum Konfitürekochen. Wer sie nicht gleich verarbeiten kann, friert sie – bereits geputzt – inzwischen einfach ein.*

# EDLE ERDBEERE mit Pfeffer & Balsamico

Für ca. 30 Schraubgläser (zu je 150 ml)

**ZUTATEN**

3 kg Erdbeeren (geputztes Gewicht)
2 Vanilleschoten
2–3 EL Rosa Pfefferkörner
120–150 g Pektin
2 kg Zucker
80 ml dunkler Balsamicoessig
Zitronensaft oder -säure nach Geschmack

**ZUSÄTZLICH**

10-Liter-Topf, Mörser, Abfülltrichter, Schöpflöffel

**HALTBARKEIT**

mind. 1 Jahr

Erdbeeren waschen, das Grün entfernen und je nach Größe halbieren oder vierteln. Vanilleschoten der Länge nach halbieren und mit einem Messer das Mark herauskratzen. Rosa Pfefferkörner im Mörser zerstoßen. Pektin mit 250 g des Zuckers mischen und beiseite stellen. Alle Zutaten bis auf die Pektin-Zucker-Mischung im Kochtopf vermengen und für 3 bis 5 Stunden ziehen lassen, damit die Erdbeeren bereits Saft verlieren.

Masse auf dem Herd bei großer Hitze und unter Rühren zum Kochen bringen und sprudelnd einige Minuten kochen lassen. Nach Belieben mit weiterem Essig oder mit Zitronensaft oder -säure abschmecken. Die Pektin-Zucker-Mischung unter schnellem Rühren zur kochenden Konfitüre geben und 5 Minuten weiterkochen. Gelierprobe machen (Seite 22). Erdbeerkonfitüre geliert oftmals nicht gut, daher sollten Sie zur Sicherheit ein wenig mehr Pektin bereithalten, um es, vermischt mit ein wenig Zucker, nachdosieren zu können. Schaum gegebenenfalls abschöpfen.

Fertige Konfitüre sofort mit Hilfe des Abfülltrichters und Schöpflöffels in die Gläser füllen und diese verschließen.

**UNSERE LIEBLINGSKOMBIS:**

*Die Samtige Heidelbeere passt zu Pfannkuchen, Pancakes, Crêpes und derlei Köstlichkeiten. Gerne mit einem Klecks geschlagener Sahne!*

*Vielleicht füllen Sie ja auch Ihre Weihnachtskekse damit.*

**GUT ZU WISSEN:**

*Lavendel können Sie natürlich aus dem eigenen Garten oder Balkon nehmen (Vorsicht, nicht jede Lavendelart ist essbar!) oder, wenn Sie auf dem Markt nicht fündig werden, in der Apotheke kaufen.*

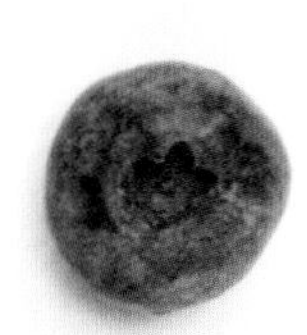

*In manchen unserer Wälder können europäische „Blaubeeren", also Heidelbeeren, von Juli bis September gesammelt werden. Sie sind geschmacks- und farbintensiver als die Kulturheidelbeeren aus unseren Gärten oder Supermärkten.*

# SAMTIGE HEIDELBEERE mit Lavendel & Orange

Für ca. 35 Schraubgläser (zu je 150 ml)

**ZUTATEN**

3 kg Heidelbeeren
3 Bio-Orangen
600 ml Orangensaft (Saft der Bio-Orangen plus gegebenenfalls weiteren Saft)
20 g Lavendelblüten, getrocknet
100–120 g Pektin
2 kg Zucker
Zitronensaft oder -säure nach Geschmack

**ZUSÄTZLICH**

Küchenreibe, 10-Liter-Topf, Mörser, Pürierstab, Abfülltrichter, Schöpflöffel

**HALTBARKEIT**

mind. 1 Jahr

Heidelbeeren waschen und vorhandene Stängel entfernen. Orangen heiß waschen, Schale abreiben und Saft auspressen. Saft mit weiterem Orangensaft auf 600 ml auffüllen. Lavendel im Mörser zerstoßen. Pektin mit 200 g des Zuckers mischen und beiseite stellen. Alle Zutaten bis auf die Pektin-Zucker-Mischung im Kochtopf vermengen und am besten über Nacht ziehen lassen, damit die Heidelbeeren bereits Saft verlieren.

Masse auf dem Herd bei großer Hitze und unter Rühren zum Kochen bringen und sprudelnd einige Minuten kochen lassen. Dann pürieren und nach Belieben mit Zucker und Zitronensaft oder -säure abschmecken. Die Pektin-Zucker-Mischung unter schnellem Rühren zur kochenden Konfitüre geben und 5 Minuten weiterkochen. Gelierprobe machen (Seite 22). Schaum gegebenenfalls abschöpfen.

Fertige Konfitüre sofort mit Hilfe des Abfülltrichters und Schöpflöffels in die Gläser füllen und diese verschließen.

### UNSERE LIEBLINGSKOMBIS:

*Die Scharfe Himbeere passt gut zu würzigem Käse und gebratener Entenbrust.*

### SCHOKOKUCHEN MIT SCHARFER HIMBEERE

*200 g dunkle Schokolade (mind. 65 % Kakaogehalt) mit 200 g Butter im Wasserbad oder in der Mikrowelle schmelzen, 250 g Zucker einrühren, bis dieser sich aufgelöst hat. 5 Eier trennen. Eiweiß zu Schnee schlagen, Eigelbe nach und nach in die Schokolade einrühren, bis eine homogene Masse entsteht. 1–2 EL Mehl und 100 g geriebene Mandeln, 1 TL Orangenabrieb und eine Messerspitze Chili unterrühren. Eischnee unterheben. Masse in gebutterte und bemehlte Förmchen füllen. Je nach Größe circa 15 Minuten bei 190 °C (Ober- und Unterhitze) backen. Den noch warmen Kuchen mit frischen Himbeeren, einem Klecks Gelee und Puderzucker anrichten und sofort servieren.*

*Wenn wir Himbeeren im eigenen Garten oder in der Natur sammeln, haben wir oftmals nicht die benötigte Menge auf einmal beisammen. Daher frieren wir die geputzten Früchte ein und verarbeiten sie erst, wenn ausreichend vorhanden sind.*

# SCHARFE HIMBEERE mit Chili

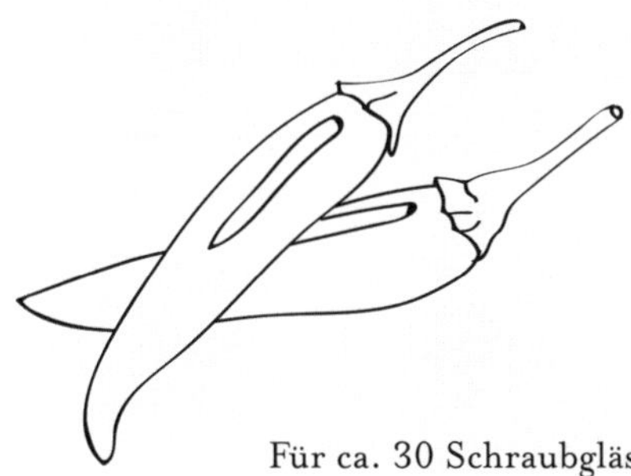

Für ca. 30 Schraubgläser (zu je 150 ml)

**ZUTATEN**

5 kg Himbeeren, frisch oder gefroren
etwas Chili, getrocknet und scharf
120–150 g Pektin
2 kg Zucker
Zitronensaft oder -säure nach Geschmack

**ZUSÄTZLICH**

Dampfentsafter (Alternativen: siehe Seite 19), 10-Liter-Topf, Abfülltrichter, Schöpflöffel

**HALTBARKEIT**

mind. 1 Jahr

Himbeeren im Dampfentsafter nach Anweisung des Herstellers mit wenig Zucker entsaften und gegebenenfalls mit Wasser auf 3 l auffüllen oder restliche Mengen anpassen. Chili im Mörser zerstoßen. Pektin mit 250 g des Zuckers mischen und beiseite stellen. Saft, Chili und restlichen Zucker im Topf bei großer Hitze und unter Rühren zum Kochen bringen und sprudelnd einige Minuten kochen lassen. Mit Zitronensaft oder -säure abschmecken. Die Pektin-Zucker-Mischung unter schnellem Rühren zur kochenden Flüssigkeit geben und 5 Minuten weiterkochen. Gelierprobe machen (Seite 22). Schaum gegebenenfalls abschöpfen. Fertiges Gelee sofort mit Hilfe des Abfülltrichters und Schöpflöffels in die Gläser füllen und diese verschließen.

Wer keinen Saft herstellen möchte, kann alternativ eine klassische Konfitüre kochen. Um die Kerne zu entfernen, die rohen Himbeeren durch eine Passiermühle drehen oder durch ein Passiersieb streichen.

**UNSERE LIEBLINGSKOMBIS:**

*Diese süße Versuchung passt nicht nur gut zu Ihrem Frühstückscroissant, sondern verfeinert auch Mehlspeisen oder eine Schwarzwälder Kirschtorte.*

*Sauerkirschen, oder auch Weichseln in Süddeutschland und Österreich, sind kleiner, weniger süß, aber wesentlich geschmacksintensiver als andere Kirschen. Sie eignen sich daher hervorragend für Konfitüren, Kompotte oder Säfte.*

# SINNLICHE SAUERKIRSCHE mit Schokolade

Für ca. 35 Schraubgläser (zu je 150 ml)

**ZUTATEN**

3 kg Sauerkirschen (entkerntes Gewicht)
120–150 g Pektin
2,5 kg Zucker
750 ml Rotwein
1 TL Zimt, gemahlen
1 TL Kardamom, gemahlen
150 g Bitterschokolade (mind. 60 % Kakaoanteil)
Zitronensaft oder -säure nach Geschmack

**ZUSÄTZLICH**

10-Liter-Topf, Abfülltrichter, Schöpflöffel

**HALTBARKEIT**

mind. 1 Jahr

Sauerkirschen waschen und entkernen. Pektin mit 250 g des Zuckers mischen und beiseite stellen. Sauerkirschen, Rotwein, Gewürze und den restlichen Zucker im Kochtopf vermengen und am besten über Nacht ziehen lassen, damit die Sauerkirschen bereits Saft verlieren. Schokolade in kleine Stücke hacken.

Masse auf dem Herd bei großer Hitze und unter Rühren zum Kochen bringen und sprudelnd einige Minuten kochen lassen. Nach Belieben mit Zucker und Zitronensaft oder -säure abschmecken. Die Pektin-Zucker-Mischung unter schnellem Rühren zur Konfitüre geben und 3 Minuten weiterkochen. Die Schokolade einrühren und weitere 2 Minuten kochen. Gelierprobe machen (Seite 22). Schaum gegebenenfalls abschöpfen.

Fertige Konfitüre sofort mit Hilfe des Abfülltrichters und Schöpflöffels in die Gläser füllen und diese verschließen.

**VARIIEREN SIE EINFACH:**

*Orange, Grapefruit und Co. – anstelle von Zitronen können Sie auch andere Zitrusfrüchte verwenden. Passen Sie dabei die Menge des Pektins an und schmecken Sie nach Bedarf mit Zitronensaft oder -säure ab.*

*Die Zitronenmarmelade passt auch gut zu Brot mit (Ziegen-)Frischkäse.*

*Dieses Rezept stammt von Patricias Mama. Wichtig ist die Verwendung von unbehandelten Zitronen, weil bei diesem Rezept die komplette Frucht verwendet wird. Übrigens: Bitte nicht wundern – bei Zitrusfrüchten heißt die Konfitüre Marmelade.*

# ZITRONEN-MARMELADE

## nach Erikas Rezept

s'Leben is fad' ohne Marmelad'

Für ca. 30 Schraubgläser (zu je 150 ml)

**ZUTATEN**

2 kg Bio-Zitronen
100–150 g Ingwer, frisch
60–90 g Pektin
2,1 kg Zucker

**ZUSÄTZLICH**

10-Liter-Topf, Pürierstab, Abfülltrichter, Schöpflöffel

**HALTBARKEIT**

mind. 1 Jahr

Zitronen waschen, halbieren und Kerne entfernen. In 2 l Wasser circa 1 Stunde weichkochen und dann alles pürieren. Ingwer schälen, reiben oder sehr klein schneiden. Pektin mit 150 g des Zuckers mischen und beiseite stellen. Zitronenmasse mit restlichem Zucker und Ingwer bei großer Hitze und unter Rühren zum Kochen bringen und etwa 15 Minuten kochen lassen. Da Zitronen selbst sehr viel Pektin enthalten, nur nach Bedarf die Pektin-Zucker-Mischung unter Rühren zur kochenden Marmelade geben und 5 Minuten weiterkochen. Gelierprobe machen (Seite 22). Schaum gegebenenfalls abschöpfen.

Fertige Marmelade sofort mit Hilfe des Abfülltrichters und Schöpflöffels in die Gläser füllen und diese verschließen.

**UNSERE LIEBLINGSKOMBIS:**
*Servieren Sie den italienischen Klassiker Prosciutto e Melone doch mal etwas anders! Wir mögen die Pfeffrige Melone außerdem auch gern zum Pecorino.*

Eine runde Sache!

# PFEFFRIGE MELONE
## *mit Salbei*

Für ca. 35 Schraubgläser
(zu je 150 ml)

**ZUTATEN**

3 kg Honigmelone (geputztes Gewicht)
50 g Ingwer, frisch
500 ml Apfelsaft, selbst entsaftet oder Direktsaft
120–150 g Pektin
2 kg Zucker
2 EL Schwarze Pfefferkörner
3 Zweige Salbei
1 TL Koriander, gemahlen
Zitronensaft oder -säure nach Geschmack

**ZUSÄTZLICH**

10-Liter-Topf, Pürierstab, Mörser, Abfülltrichter, Schöpflöffel

**HALTBARKEIT**

mind. 1 Jahr

Melonen waschen, schälen, entkernen und grob würfeln. Ingwer waschen, schälen und in Scheiben schneiden. Beides im Topf mit dem Apfelsaft kurz aufkochen und dann pürieren. Pektin mit 250 g des Zuckers mischen und beiseite stellen. Pfeffer im Mörser zerstoßen. Salbei waschen, Blätter abzupfen und klein hacken. Restlichen Zucker mit der Melonenmasse vermengen und bei großer Hitze und unter Rühren zum Kochen bringen. Die Pektin-Zucker-Mischung, Koriander, Pfeffer und Salbei unter schnellem Rühren zur Konfitüre geben und 5 Minuten weiterkochen. Nach Belieben mit Zucker und Zitronensaft oder -säure abschmecken. Gelierprobe machen (Seite 22). Schaum gegebenenfalls abschöpfen.

Fertige Konfitüre sofort mit Hilfe des Abfülltrichters und Schöpflöffels in die Gläser füllen und diese verschließen.

# Exotischer Genuss

**UNSERE LIEBLINGSKOMBIS:**

*Die Feurige Ananas passt gut zu Käse, Kartoffelspalten oder Chicken Wings!*

**CREMIG, KNACKIG, SÜSS UND RUSTIKAL**

*Unser Lieblingssandwich besteht aus 2 Roggenbrotscheiben, je einer Lage Gorgonzola, Radicchio, reichlich Feuriger Ananas und knusprig gebratenem Frühstücksspeck.*

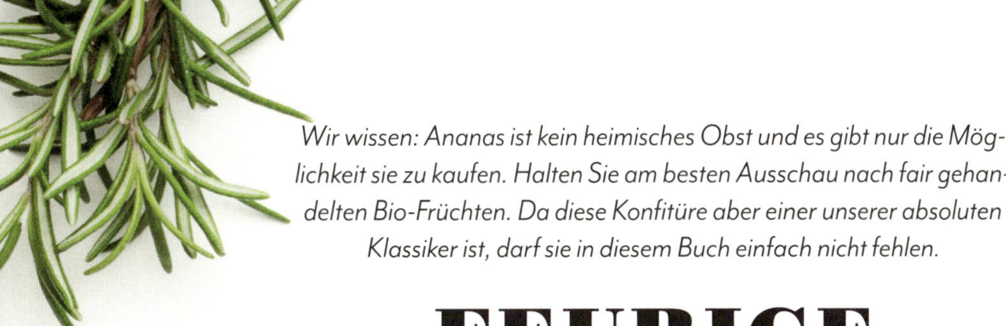

*Wir wissen: Ananas ist kein heimisches Obst und es gibt nur die Möglichkeit sie zu kaufen. Halten Sie am besten Ausschau nach fair gehandelten Bio-Früchten. Da diese Konfitüre aber einer unserer absoluten Klassiker ist, darf sie in diesem Buch einfach nicht fehlen.*

# FEURIGE ANANAS
## mit Chili & Rosmarin

Für ca. 35 Schraubgläser (zu je 150 ml)

**ZUTATEN**

3 kg Ananas (geputztes Gewicht)
100 g Ingwer, frisch
650 ml Apfelsaft, selbst entsaftet oder Direktsaft
140–170 g Pektin
2 kg Zucker
Chilischoten nach Belieben
3 Zweige Rosmarin
Zitronensaft oder -säure nach Geschmack

**ZUSÄTZLICH**

10-Liter-Topf, Pürierstab, Abfülltrichter, Schöpflöffel

**HALTBARKEIT**

mind. 1 Jahr

Ananas waschen, schälen, Strunk entfernen und grob würfen. Ingwer waschen, schälen und in Scheiben schneiden. Beides im Topf mit dem Apfelsaft kurz aufkochen und dann pürieren. Pektin mit 300 g des Zuckers mischen und beiseite stellen. Chilis waschen und sehr klein schneiden. Rosmarin waschen, Blätter abzupfen und klein hacken. Restlichen Zucker mit der Masse vermengen und bei großer Hitze und unter Rühren zum Kochen bringen. Die Pektin-Zucker-Mischung, Chili und Rosmarin unter schnellem Rühren zur kochenden Konfitüre geben und 5 Minuten weiterkochen. Nach Belieben mit Zucker und Zitronensaft oder -säure abschmecken. Gelierprobe machen (Seite 22). Schaum gegebenenfalls abschöpfen.

Fertige Konfitüre sofort mit Hilfe des Abfülltrichters und Schöpflöffels in die Gläser füllen und diese verschließen.

**UNSERE LIEBLINGSKOMBIS:**

*Paprikamarmelade passt gut zu Schafskäse wie Pecorino oder Feta.*

**SCHNELLER PAPRIKADIP**

*Vermischt mit einer Prise Salz und einigen Tropfen Chilisauce (siehe Seite 91), ist die Konfitüre ein traumhafter Dip zu gebratenem Rindfleisch oder zum Fondue.*

*Dieses Rezept stammt von unserer piemontesischen Freundin Patrizia. Je geschmackvoller die verwendeten Paprika sind, desto intensiver wird diese außergewöhnliche Konfitüre.*

# MARMELLATA DI PEPERONI

*Pur, purer, Paprika!*

Für ca. 25 Schraubgläser (zu je 150 ml)

**ZUTATEN**

3 kg rote Paprikaschoten (geputztes Gewicht)
1,5 kg Zucker

**ZUSÄTZLICH**

10-Liter-Topf, Passiermühle oder Passiersieb, Abfülltrichter, Schöpflöffel

**HALTBARKEIT**

mind. 1 Jahr

Paprika waschen, vierteln, die Stängel und die Kerne entfernen und mit dem Zucker im Topf vermengen. Für einige Stunden stehen lassen, damit die Paprika Saft ziehen. Aufkochen und bei geringer Hitze und unter gelegentlichem Rühren etwa 1 bis 1,5 Stunden weichkochen – Vorsicht, dass der Zucker nicht anbrennt. Masse durch die Passiermühle drehen, um die Paprikaschalen zu entfernen. Im Topf nochmals aufkochen. Schaum gegebenenfalls abschöpfen.

Fertige Konfitüre sofort mit Hilfe des Abfülltrichters und Schöpflöffels in die Gläser füllen und diese verschließen.

**TRICOLORE AUF DEM TELLER**

*Überraschen Sie Ihre Gäste mit einer sommerlichen Vorspeise: Richten Sie eine Burrata mit frischen Tomaten, Basilikumblättern, Olivenöl und etwas Süßer Tomate an. Der Abrieb einer Bio-Orange oder -Zitrone rundet das Ganze ab.*

*Keine Burrata zur Hand? Es passen auch Mozzarella oder frischer Ziegenkäse.*

In Teilen Österreichs sagt man

Paradeiser zu mir!

*Tomaten kennt man eigentlich nur von pikanten Speisen und das, obwohl sie botanisch zu den Beeren zählen – für uns ein Grund mehr, sie zu einer Konfitüre einzukochen.*

# SÜSSE TOMATE

Für ca. 25 Schraubgläser (zu je 150 ml)

**ZUTATEN**

3 kg Tomaten, reif
80–100 g Pektin
750 g Zucker
2 TL Ingwer, gemahlen
1 TL Nelken, gemahlen
Salz zum Abschmecken

**ZUSÄTZLICH**

10-Liter-Topf, Pürierstab, Abfülltrichter, Schöpflöffel

**HALTBARKEIT**

mind. 1 Jahr

Tomaten häuten: An der Unterseite kreuzförmig einschneiden, mit kochendem Wasser überbrühen und ziehen lassen, bis sich die Schale an den Rändern löst. Abgießen und Schale abziehen. Strünke entfernen und die Tomaten grob würfeln. Pektin mit 150 g des Zuckers mischen und beiseite stellen. Tomaten, Gewürze und restlichen Zucker im Kochtopf vermengen und auf dem Herd bei großer Hitze und unter Rühren zum Kochen bringen. So lange kochen, bis die Tomaten weich sind. Die Masse pürieren und nach Geschmack mit ein wenig Salz abschmecken.

Die Pektin-Zucker-Mischung unter schnellem Rühren zur kochenden Konfitüre geben und 5 Minuten weiterkochen. Gelierprobe machen (Seite 22). Schaum gegebenenfalls abschöpfen.

Fertige Konfitüre sofort mit Hilfe des Abfülltrichters und Schöpflöffels in die Gläser füllen und diese verschließen.

**UNSERE LIEBLINGSKOMBIS:**

*Zum Wiener Schnitzel dürfen Preiselbeeren normalerweise nicht fehlen. Aber probieren Sie doch mal unser Herbstgelee dazu, dann lassen Sie künftig sicherlich die Preiselbeeren links liegen!*

*Passt natürlich auch gut zu Käse!*

*Wir verwenden für dieses Rezept immer Schilcher-Sturm, einen steirischen, leicht vergorenen Traubenmost. Er ist über die Grenzen der Steiermark hinaus ein beliebtes saisonales Getränk in Österreich. Aber keine Sorge: Das Rezept gelingt genauso mit jedem guten, roten Traubenmost, den es im Herbst zu kaufen gibt.*

# HERBST-GELEE

Für ca. 30 Schraubgläser (zu je 150 ml)

**ZUTATEN**

125–150 g Pektin
1,5 kg Zucker
3 l roter Traubenmost
4 Stück Nelken
1 Zimtstange
3 Pimentkörner
1 Lorbeerblatt
1 EL Zitronensäure

**ZUSÄTZLICH**

10-Liter-Topf, Abfülltrichter, Schöpflöffel

**HALTBARKEIT**

mind. 1 Jahr

Pektin mit 250 g des Zuckers mischen und beiseite stellen. Roten Traubenmost, Gewürze und restlichen Zucker im Topf bei großer Hitze und unter Rühren zum Kochen bringen und sprudelnd einige Minuten kochen lassen. Gewürze wieder entnehmen. Wer die Gewürze nicht einzeln herausfischen möchte, kann einen Teefilter aus Papier oder ein Gewürzsieb verwenden. Mit Zitronensäure abschmecken. Die Pektin-Zucker-Mischung unter schnellem Rühren zur kochenden Flüssigkeit geben und 5 Minuten weiterkochen. Gelierprobe machen (Seite 22). Schaum gegebenenfalls abschöpfen.

Fertiges Gelee sofort mit Hilfe des Abfülltrichters und Schöpflöffels in die Gläser füllen und diese verschließen.

**UNSERE LIEBLINGSKOMBIS:**

*Passt zu würzigem Käse und kaltem Braten. Dabei auch gerne vermischt mit frisch geriebenem Meerrettich!*

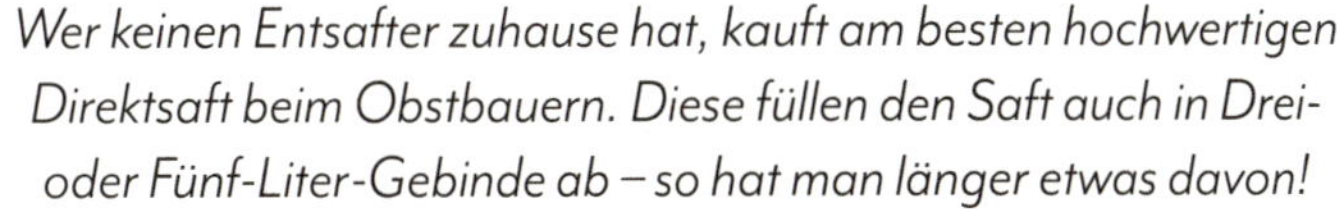

*Wer keinen Entsafter zuhause hat, kauft am besten hochwertigen Direktsaft beim Obstbauern. Diese füllen den Saft auch in Drei- oder Fünf-Liter-Gebinde ab – so hat man länger etwas davon!*

# FRISCHER APFEL mit Basilikum

Für ca. 30 Schraubgläser (zu je 150 ml)

**ZUTATEN**

1 Bund Basilikum
3 l Apfelsaft, selbst entsaftet oder Direktsaft
150–180 g Pektin
2 kg Zucker
Zitronensaft oder -säure nach Geschmack

**ZUSÄTZLICH**

10-Liter-Topf, Abfülltrichter, Schöpflöffel

**HALTBARKEIT**

mind. 1 Jahr

Basilikum waschen, im Topf mit dem Apfelsaft aufkochen und 15 Minuten ziehen lassen. Pektin mit 300 g des Zuckers mischen und beiseite stellen. Basilikum aus dem Saft entfernen und diesen mit dem restlichen Zucker bei großer Hitze und unter Rühren zum Kochen bringen und sprudelnd einige Minuten kochen lassen. Mit Zitronensaft oder -säure abschmecken. Die Pektin-Zucker-Mischung unter schnellem Rühren zur kochenden Flüssigkeit geben und 5 Minuten weiterkochen. Unbedingt Gelierprobe machen (Seite 22)! Schaum gegebenenfalls abschöpfen.

Fertiges Gelee sofort mit Hilfe des Abfülltrichters und Schöpflöffels in die Gläser füllen und diese verschließen.

## WINTERAPFEL IM SCHNEE

*Ein fantastisches Dessert und noch dazu schnell vorbereitet: Ingwerkekse zerbröseln und mit etwas Amaretto beträufeln. Joghurt mit gleicher Menge geschlagener Sahne mischen und mit Zucker abschmecken. Brösel, Joghurtcreme und das Bratapfelmus abwechselnd in Gläser schichten und kalt stellen. Zum Schluss mit einem Klecks Schlagsahne, Zimtpulver, einem Minzblatt und den letzten Keksbröseln garnieren. Ihre Gäste freuen sich schon darauf.*

*Der Apfel fällt nicht weit vom Glas.*

## UNSERE LIEBLINGSKOMBIS:

*Puristen löffeln den Bratapfel gleich direkt aus dem Glas. Zusammen mit Joghurt und Müsli ist er ein köstliches Frühstück. Auch Mehlspeisen ergänzt er perfekt.*

*Unser Bratapfel im Glas lässt sich eher mit Apfelmus als mit einer klassischen Konfitüre vergleichen. Aufgrund der Konsistenz und des apfeleigenen Pektins brauchen Sie kein Geliermittel.*

# BRATAPFEL IM GLAS mit Marzipan

Für ca. 25 Schraubgläser (zu je 150 ml)

**ZUTATEN**

2 kg säuerliche Äpfel, z. B. Boskop
1 EL Butterschmalz
600 g Zucker
500 ml Apfelsaft, selbst entsaftet oder Direktsaft
1 TL Zimt, gemahlen
1 TL Nelken, gemahlen
100 g Marzipanrohmasse
Zitronensaft oder -säure nach Geschmack

**ZUSÄTZLICH**

5-Liter-Topf, Pürierstab, Abfülltrichter, Schöpflöffel

**HALTBARKEIT**

mind. 1 Jahr

Äpfel waschen, schälen, entkernen und grob würfeln. Butterschmalz im Topf schmelzen, Äpfel mit ein wenig Zucker darin anbraten, gelegentlich umrühren, bis stellenweise eine goldbraune Farbe zu sehen ist. Aufpassen, dass nichts anbrennt. Mit dem Apfelsaft ablöschen. Zucker und Gewürze hinzufügen und so lange kochen, bis die Äpfel weich sind. Zwischenzeitlich das Marzipan in Würfel schneiden. In die Masse geben, alles pürieren und nochmals kurz aufkochen. Mit Zitronensaft oder -säure abschmecken.

Fertige Konfitüre sofort mit Hilfe des Abfülltrichters und Schöpflöffels in die Gläser füllen und diese verschließen.

**GUT ZU WISSEN:**

*Für die Beer Jam verwenden Sie am besten ein dunkles, malziges Bier der lokalen Brauerei Ihres Vertrauens.*

*Passt hervorragend zu Käse oder zum Brunch.*

*Das Rezept ist, wie auch einige andere, in Zusammenarbeit mit Verenas Bruder Philipp Stummer entstanden, der in seinem Restaurant gezielt auf regionale und saisonale Produkte setzt.*

# BEER JAM
## mit Birne

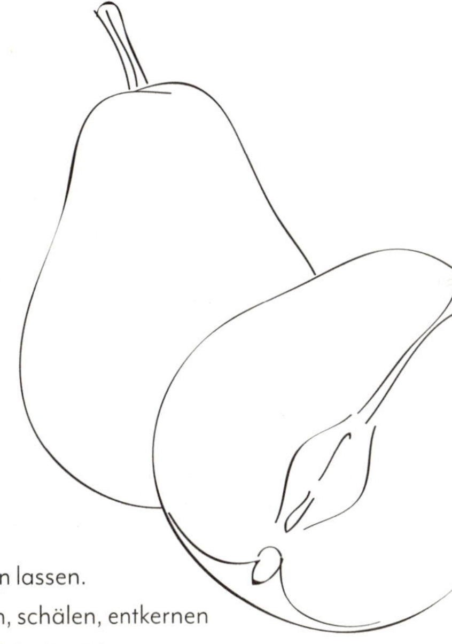

Für ca. 25 Schraubgläser (zu je 150 ml)

**ZUTATEN**

2 l dunkles Bier
2 kg Birnen, reif
etwas Zitronensaft
130–160 g Pektin
300 g Zucker
400 g dunkler Rohrzucker
1 TL Piment, gemahlen
1–2 TL Zitronensäure

**ZUSÄTZLICH**

10-Liter-Topf, Abfülltrichter, Schöpflöffel

**HALTBARKEIT**

mind. 1 Jahr

Bier im Topf auf die Hälfte einkochen lassen. Währenddessen die Birnen waschen, schälen, entkernen und in circa 0,5 bis 1 cm große Würfel schneiden. Mit Zitronensaft beträufeln, damit sie nicht braun werden. Pektin mit dem Kristallzucker mischen und beiseite stellen. Birnen, Rohrzucker und Piment zum Bier geben und bei großer Hitze unter Rühren aufkochen. Dann pürieren und nach Belieben mit Zucker und Zitronensäure abschmecken. Die Pektin-Zucker-Mischung unter schnellem Rühren zur kochenden Konfitüre geben und 5 Minuten weiterkochen. Gelierprobe machen (Seite 22). Schaum gegebenenfalls abschöpfen.

Fertige Konfitüre sofort mit Hilfe des Abfülltrichters und Schöpflöffels in die Gläser füllen und diese verschließen.

**UNSERE LIEBLINGSKOMBIS:**

*Diese Cranberrykonfitüre passt perfekt zu Wildgerichten und ergibt aufgegossen in Sekt einen köstlichen Aperitif.*

*Cranberries gibt es im Herbst und Winter in den meisten Supermärkten. Sie sind roh nicht wirklich genießbar, eignen sich jedoch hervorragend für diese herbe Konfitüre, die in Windeseile fertig ist. Das Rezept kommt ganz ohne Pektin aus.*

# FRISCH-HERBE CRANBERRY mit Muskatnuss

Für ca. 10 Schraubgläser (zu je 150 ml)

**ZUTATEN**

1 kg Cranberries, frisch
500 g Zucker
etwas Wasser
300 ml Apfelsaft, selbst entsaftet oder Direktsaft
Zitronensaft oder -säure nach Geschmack
Muskatnuss, ganz

**ZUSÄTZLICH**

3-Liter-Topf, Küchenreibe, Abfülltrichter, Schöpflöffel

**HALTBARKEIT**

mind. 1 Jahr

Cranberries waschen und halbieren. Die Hälfte des Zuckers mit einem Schuss Wasser im Topf erhitzen und karamellisieren. Damit der Zucker dabei nicht verbrennt, sollten Sie den Topf ständig im Auge behalten und gelegentlich umrühren! Nach einiger Zeit schmilzt der Zucker und nimmt eine goldgelbe Farbe an.

Die Cranberries, den restlichen Zucker und den Apfelsaft jetzt hinzufügen. Unter ständigem Rühren zum Kochen bringen und 5 bis 10 Minuten kochen lassen, bis die Cranberries weich sind. Wenn die Masse zu trocken wird, ein wenig Apfelsaft oder Wasser hinzufügen. Mit Zitronensaft oder-säure und frisch geriebenem Muskat abschmecken. Schaum gegebenenfalls abschöpfen.

Fertige Konfitüre sofort mit Hilfe des Abfülltrichters und Schöpflöffels in die Gläser füllen und diese verschließen.

# Chutneys, Ketchups & CO.

*Grillfans aufgepasst: In diesem Kapitel finden Sie viele Rezepte, die perfekt zu Gegrilltem passen. Natürlich nicht nur ganz klassisch zum Fleisch, sondern auch zu den beliebten vegetarischen Varianten. Also: An die Grills, fertig, los!*

Gemüse
mal
anders

**UNSERE LIEBLINGSKOMBIS:**

*Dieses Chutney passt wunderbar zu gegrilltem und gebratenem Fleisch (zum Beispiel zu Schweinerückensteak). Ganz großartig harmoniert es mit reifem Weichkäse.*

*Wir lieben den besonderen Geschmack von Kohlrabi in Kombination mit den cremigen Tomaten und der herb-aromatischen Zitrone.*

# KOHLRABI & TOMATE
## zitroniges Chutney

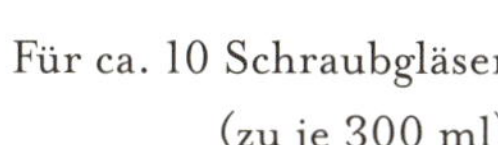

Für ca. 10 Schraubgläser (zu je 300 ml)

**ZUTATEN**

3 Kohlrabi, mittelgroß
500 g Cocktailtomaten
2 Bio-Zitronen
8–10 Frühlingszwiebeln
1 EL Basilikumblüten, frisch oder getrocknet (siehe Seite 123)
3 EL Olivenöl
5 EL Zucker
80–100 ml weißer Balsamicoessig
10–15 Safranfäden
Salz nach Geschmack

**ZUSÄTZLICH**

5-Liter-Topf, Abfülltrichter, Schöpflöffel

**HALTBARKEIT**

mind. 1 Jahr

Alles Gemüse waschen. Kohlrabi schälen und in kleine Würfel schneiden, Tomaten halbieren oder vierteln, eine Zitrone mit der Schale in sehr kleine Würfel schneiden, die andere auspressen, Frühlingszwiebeln in Ringe schneiden. Frische Basilikumblüten abstreifen oder getrocknete mit den Fingern zerreiben. Olivenöl im Topf erhitzen und Frühlingszwiebeln goldgelb anschwitzen. Zucker, Kohlrabi, Zitronenwürfelchen hinzugeben. Das Gemüse unter leichtem Rühren goldgelb karamellisieren, aber nicht zu braun werden lassen. Nun die Tomaten unterrühren und mit Essig und Zitronensaft ablöschen. Safran (und getrocknete Basilikumblüten) beifügen und mit Salz, Zucker und Essig abschmecken.

Ein paar Minuten kochen lassen, der Kohlrabi sollte bissfest bleiben. Frische Basilikumblüten erst am Ende der Garzeit hinzufügen.

Das fertige Chutney kochend heiß mit Hilfe des Abfülltrichters und des Schöpflöffels in die Gläser abfüllen und diese sofort verschließen. Kalt servieren.

## HAUSGEMACHTE POLPA PRONTA

*Ein Geheimtipp für Selbermacher: Gut gereifte Tomaten an der Unterseite kreuzförmig einschneiden, überbrühen, häuten, Strünke entfernen, in Würfel schneiden und im Topf für 5 bis 10 Minuten kochen. Mit Salz und etwas Zucker abschmecken. Sehr heiß in Gläser oder Flaschen abfüllen. Zur Sicherheit 30 Minuten einkochen.*

## UNSERE LIEBLINGSKOMBIS:

*Das Chutney passt hervorragend zu Parmesan oder gereiftem Pecorino. Zur Grillsaison bietet es sich als fruchtiger Partner für gegrillte Zucchini oder Auberginen an.*

*Bei diesem Rezept verwenden wir klassische italienische „Polpa Pronta".
Sie können diese geniale Grundzutat entweder selbst herstellen (siehe linke Seite)
oder auf qualitative Supermarktprodukte zurückgreifen.*

# TOMATE & DATTEL

## *cremiges Chutney*

Für ca. 15 Schraubgläser
(zu je 300 ml)

**ZUTATEN**

200 g Tomaten, getrocknet
3 Zwiebeln
1 EL Ingwer, frisch oder gemahlen
6–8 Knoblauchzehen
750 g Datteln
3 EL Olivenöl
500 ml Rotwein
2,5 l Polpa Pronta
4 EL italienische Kräuter, frisch oder getrocknet (z. B. Oregano, Rosmarin, Salbei, Thymian)
Salz nach Geschmack

**ZUSÄTZLICH**

5-Liter-Topf, Pürierstab, Abfülltrichter, Schöpflöffel

**HALTBARKEIT**

mind. 1 Jahr

Falls die getrockneten Tomaten schon sehr fest sind, mit wenig kochendem Wasser übergießen und weich werden lassen. Zwiebeln, Ingwer und Knoblauch schälen. Datteln entkernen. Zwiebeln, Ingwer, getrocknete Tomaten und Datteln grob würfeln. Im Topf Zwiebeln und Knoblauch in Olivenöl goldgelb anschwitzen. Getrocknete Tomaten, Datteln und Ingwer hinzufügen und leicht karamellisieren. Mit Rotwein ablöschen, nach ein paar Minuten Polpa Pronta und Kräuter hinzugeben und 20 bis 30 Minuten köcheln lassen, um circa die Hälfte der Flüssigkeit zu reduzieren. Die Konsistenz sollte cremig und nicht mehr flüssig sein. Mit Salz abschmecken und pürieren.

Das fertige Chutney kochend heiß mit Hilfe des Abfülltrichters und des Schöpflöffels in die Gläser abfüllen und diese sofort verschließen. Kalt servieren.

## KÜRBIS-QUICHE VON UNSEREM FOTOGRAFEN GREGOR

*700 g Hokkaidokürbis halbieren, entkernen, in Würfel schneiden, mit Salz und Pfeffer würzen und mit Olivenöl beträufelt in einer feuerfesten Form im Ofen bei 200 °C (Ober- und Unterhitze) 20 Minuten braten. In der Zwischenzeit 200 ml Schlagsahne und 4 Eier miteinander verquirlen und mit 250 g würfelig geschnittenem Speck und 150 g geriebenem Emmentaler vermischen. Kürbis aus dem Ofen holen, kurz abkühlen lassen und ebenfalls untermischen. Abschmecken mit Salz, Pfeffer, Muskat und fein gehackter Petersilie. Quicheform mit gekauftem oder selbstgemachtem Mürbteig auslegen und mit der Eier-Kürbis-Mischung füllen. Bei 200 °C (Ober- und Unterhitze) circa 15 Minuten backen – die Eiermasse sollte stocken und der Teig sollte sich schön goldbraun färben.*

## UNSERE LIEBLINGSKOMBIS:

*Dieses klassische Chutney passt nicht nur wunderbar zu Gregors würziger Quiche, sondern auch hervorragend zu Kartoffelspalten, gegrilltem Fleisch oder zum Fondue.*

*Da Aprikosen früher reif sind als Kürbisse, empfehlen wir Ihnen, die Früchte nach der Ernte zu waschen, zu halbieren, zu entkernen und kiloweise einzufrieren.*

# APRIKOSE & KÜRBIS
## würziges Chutney

Für ca. 15–20 Schraubgläser (zu je 300 ml)

**ZUTATEN**

2 kg Hokkaidokürbis
5–6 EL Olivenöl
500 g Karotten
500 g Zwiebeln
2 kg Aprikosen
1 l Apfelsaft, selbst entsaftet oder Direktsaft
4–5 Chilis, nach Geschmack
3 EL Schwarze Pfefferkörner
1,25 kg Zucker
250 ml Apfelessig
3 EL Koriander, gemahlen
Salz nach Geschmack

**ZUSÄTZLICH**

ofenfeste Form, 10-Liter-Topf, Mörser, Abfülltrichter, Schöpflöffel

**HALTBARKEIT**

mind. 1 Jahr

Kürbis waschen, halbieren, entkernen und in Spalten schneiden. In einer ofenfesten Form, eingerieben mit einem kleinen Teil des Olivenöls, bei 200 °C bis 220 °C (Ober- und Unterhitze) im Backofen rösten, bis sich goldbraune Ränder bilden. Dabei nicht zu weich werden lassen. Währenddessen gewaschene und geputzte Karotten und Zwiebeln schälen und in kleine Würfel schneiden. Aprikosen waschen, entkernen, würfeln und deckend mit Apfelsaft übergießen, damit sie nicht braun werden. Chilis klein schneiden. Pfeffer im Mörser zerstoßen. Im Topf das restliche Öl erhitzen, Zwiebeln und Karotten sowie circa ein Viertel des Zuckers goldgelb anschwitzen. Mit Essig ablöschen. Aprikosen, Apfelsaft, Gewürze und Zucker hinzugeben, zum Kochen bringen und 20 bis 30 Minuten köcheln lassen.

Den gerösteten Kürbis ebenfalls in Würfel schneiden, in den Topf geben und noch kurz mitkochen lassen. Wenn Sie möchten, können Sie das Chutney jetzt pürieren. Mit Salz, gegebenenfalls Zucker und Essig abschmecken – es soll angenehm süß-sauer schmecken.

Das fertige Chutney kochend heiß mit Hilfe des Abfülltrichters und des Schöpflöffels in die Gläser abfüllen und diese sofort verschließen. Kalt servieren.

**UNSERE LIEBLINGSKOMBIS:**

*Dieses sehr würzig-aromatische Chutney passt hervorragend zu Wild, dunklem Geflügel oder kräftigem Rindfleisch.*

Wunderbar harmonisch!

*Der herb-würzige Geschmack des Grünen Pfeffers passt sehr gut zu den aromatischen roten Trauben. Alternativ können bei diesem Rezept auch entkernte Sauerkirschen verwendet werden. Dann sollten Sie die Zuckermenge an Ihren persönlichen Geschmack anpassen.*

# TRAUBE & PFEFFER

## aromatisches Chutney

Für ca. 10 Schraubgläser (zu je 300 ml)

**ZUTATEN**

1 kg rote Zwiebeln
5 Knoblauchzehen
1 Chilischote, getrocknet
2 kg rote Trauben
50 g Grüne Pfefferkörner, eingelegt
325 g Zucker
Olivenöl zum Anbraten
250 ml Rotweinessig
15–20 g Salz

**ZUSÄTZLICH**

5-Liter-Topf, Pürierstab oder Passiermühle, Abfülltrichter, Schöpflöffel

**HALTBARKEIT**

mind. 1 Jahr

Zwiebeln und Knoblauch schälen und klein schneiden. Chili entkernen und klein schneiden. Trauben halbieren und, falls Sie keine Passiermühle im Haus haben, die Kerne entfernen oder kernlose Trauben verwenden. Grünen Pfeffer grob hacken. Ein Drittel des Zuckers im Topf karamellisieren. Sobald er eine goldgelbe Farbe angenommen hat, ein wenig Öl, die Zwiebeln sowie Knoblauch und Chili dazugeben. Alles goldbraun anbraten. Mit Essig ablöschen. Dann die Trauben, den restlichen Zucker und das Salz untermengen und alles etwa 25 bis 30 Minuten auf zwei Drittel einkochen lassen.

Die Masse pürieren und/oder durch die Passiermühle drehen. Den Grünen Pfeffer hinzugeben und weitere 15 Minuten kochen, bis das Ganze eine sämige Konsistenz hat. Nach Belieben mit Salz, Zucker und Essig abschmecken.

Das fertige Chutney kochend heiß mit Hilfe des Abfülltrichters und des Schöpflöffels in die Gläser abfüllen und diese sofort verschließen. Kalt servieren.

**GUT ZU WISSEN:**

*Der Geschmack von Karamell ist wichtig bei diesem Rezept. Wer befürchtet, den Zucker beim Karamellisieren zu verbrennen, kann ihn auch mit 600 ml Wasser vermischen, dann Erhitzen und diese Masse langsam goldgelb karamellisieren lassen.*

**UNSERE LIEBLINGSKOMBIS:**

*Die Birne schmeckt toll zu mit Bergkäse überbackenem Brot und zu Wildgerichten.*

# BIRNE & KARAMELL

## winterliches Chutney

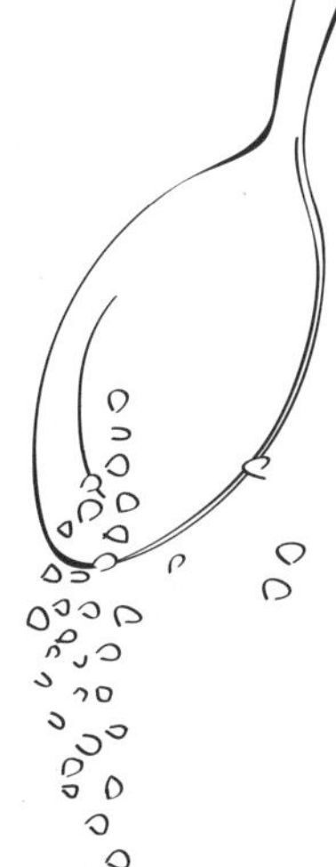

Für ca. 20-25 Schraubgläser (zu je 300 ml)

**ZUTATEN**

5 kg Birnen
2 Bio-Zitronen
1 kg Zucker
375 ml weißer Balsamicoessig
1 l Apfelsaft, selbst entsaftet oder Direktsaft
6 EL Schwarze Pfefferkörner
1 EL Wacholderbeeren
4 Stück Sternanis
10 Lorbeerblätter
1 EL Zimt, gemahlen
3 EL Ingwer, gemahlen
1 TL Nelke, gemahlen
Salz nach Geschmack

**ZUSÄTZLICH**

10-Liter-Topf, Pürierstab, Abfülltrichter, Schöpflöffel

**HALTBARKEIT**

mind. 1 Jahr

Birnen waschen, schälen, entkernen und 1,5 kg davon in circa 5 mm große Würfel schneiden. Den Rest grob würfeln. Zitronen heiß waschen, Schale abreiben und beiseite stellen, dann Saft auspressen und über die kleinen Birnenwürfel träufeln, damit diese nicht braun werden. Im Topf den Zucker vorsichtig ohne Rühren schmelzen und leicht goldgelb karamellisieren. Den Karamell kurz vom Herd nehmen, vorsichtig mit Essig und Apfelsaft ablöschen und Zucker vom Boden aufrühren. Die grob gewürfelten Birnen und Gewürze dazugeben und 15 bis 20 Minuten bei mittlerer Hitze weichkochen. Sternanis und Lorbeer wieder entfernen. Wer diese nicht einzeln herausfischen möchte, kann einen Teefilter aus Papier oder ein Sieb für die Gewürze verwenden!

Die Masse so lange pürieren, bis von Pfeffer und Wacholder nur noch kleine Stücke zu sehen sind. Das Chutney sollte jetzt eine cremig-dickflüssige Konsistenz haben. Nun die klein gewürfelten Birnenstückchen und den Zitronenabrieb hinzufügen, mit Salz abschmecken und nochmals für 2 bis 3 Minuten kochen.

Das fertige Chutney kochend heiß mit Hilfe des Abfülltrichters und des Schöpflöffels in die Gläser abfüllen und diese sofort verschließen. Kalt servieren.

**UNSERE LIEBLINGSKOMBI:**
*Der Klassiker zum Abendessen ist und bleibt die gute alte Brotzeit. Und unser Relish ersetzt dabei spielend die Essiggurke!*

Süß-sauer macht lustig!

*Unter einem Relish versteht man unterschiedliche, mehrheitlich süß-säuerliche, stückige bis sämige Pürees aus mariniertem Obst oder Gemüse der traditionellen englischen Küche.*

# ZUCCHINI & APFEL

## erfrischendes Relish

Für ca. 10–15 Schraubgläser (zu je 300 ml)

**ZUTATEN**

400 g Zwiebeln
1,5 kg Zucchini
1 EL Schwarze Pfefferkörner
1,5 l Apfelsaft, selbst entsaftet oder Direktsaft
50 ml Essig
1 EL Senfkörner
1 EL Koriandersamen
3 Stück Sternanis
Chili nach Belieben
35–40 g Salz
300 g Zucker
70–80 g Pektin

**ZUSÄTZLICH**

5-Liter-Topf, Mörser, Abfülltrichter, Schöpflöffel

**HALTBARKEIT**

mind. 1 Jahr

Zwiebeln schälen und klein würfeln. Zucchini waschen, putzen und in kleine Würfel schneiden. Pfeffer im Mörser zerstoßen. Apfelsaft mit Essig, allen Gewürzen, Salz und den Zwiebeln im Topf aufkochen und einige Minuten köcheln lassen. Zucker und Pektin mischen und einrühren. 3 Minuten kochen lassen, dann Zucchini hinzugeben und weitere 2 Minuten kochen. Gelierprobe machen (Seite 22).

Das fertige Relish kochend heiß mit Hilfe des Abfülltrichters und Schöpflöffels in die Gläser abfüllen und diese sofort verschließen. Kalt servieren.

**VARIIEREN SIE EINFACH:**

*Unser Basisrezept für Ketchup können Sie ganz nach Ihrem Belieben mit verschiedenen Geschmäckern variieren: Currypulver, scharfe Chilis, geräuchertes Paprikapulver oder auch ein Schuss Whisky. Probieren Sie es doch einfach einmal aus!*

*Passt gut zu Schinken-Käse-Toast. Übrigens: Diesen Klassiker – traditionell steht er in jedem Wiener Kaffeehaus auf der Karte – können Sie problemlos auch in einer beschichteten Pfanne machen, wenn kein Sandwichtoaster vorhanden ist.*

Keep calm
and add
Ketchup!

*Ketchup – das geht auch selbstgemacht und ohne viel zusätzlichen Zucker! Die Süße unserer Variante – und ein bisschen süß soll es schon sein – kommt von den verwendeten Äpfeln und der Zwiebel.*

# TOMATEN-KETCHUP mit Apfel

Für ca. 15–20 Schraubflaschen mit breitem Hals oder Schraubgläser (zu je 300 ml)

**ZUTATEN**

400 g Zwiebeln
1,75 kg Äpfel
2 EL Öl
400 g Tomatenmark
2 l Apfelsaft, selbst entsaftet oder Direktsaft
2 l Polpa Pronta, gekauft oder selbstgemacht (siehe Seite 62)
2 EL Ingwer, gemahlen
1 EL Piment, gemahlen
150 ml Rotweinessig
180 g Zucker
85–95 g Salz
50 g Speisestärke (z. B. Maisstärke)

**ZUSÄTZLICH**

10-Liter-Topf, Pürierstab, Abfülltrichter, Schöpflöffel

**HALTBARKEIT**

mind. 1 Jahr

Zwiebeln und Äpfel waschen, schälen, Kerngehäuse aus den Äpfeln entfernen und beides würfeln. Im Topf Zwiebeln mit Öl andünsten, bis sie glasig sind. Dann das Tomatenmark hinzugeben und ebenfalls leicht anbräunen lassen. Hin und wieder umrühren. Sobald die Masse etwas Farbe angenommen hat, die Äpfel untermengen und ebenfalls andünsten. Mit etwa drei Viertel des Apfelsafts ablöschen, Polpa dazugeben und alles aufkochen lassen. Hitze reduzieren und etwa 25 bis 30 Minuten köcheln lassen. Die Zwiebel- und Apfelwürfel sollen sehr weich beziehungsweise zerfallen sein. Gewürze, Essig, Zucker und Salz hineingeben und anschließend die Masse pürieren. Wieder zum Kochen bringen und mit Zucker und Salz abschmecken. Falls die Masse zu dick ist, mit Apfelsaft strecken. Die Stärke in einer Tasse in kaltem Apfelsaft oder Wasser anrühren, zum Großteil zur Masse geben und unter ständigem Rühren 3 bis 4 Minuten kochen. Sie merken es, wenn die Stärke anzieht und eine cremige Konsistenz entsteht. Gegebenenfalls weitere gelöste Stärke zugeben.

Das fertige Ketchup kochend heiß mit Hilfe des Abfülltrichters und des Schöpflöffels in die Flaschen oder Gläser abfüllen und diese sofort verschließen. Kalt servieren. Geöffnet hält es im Kühlschrank circa 1 bis 2 Monate. Da das Ketchup nicht sehr viel Zucker und/oder Essig enthält, können Sie es zur Sicherheit abgefüllt nochmals 30 Minuten einkochen. Daher eignen sich auch Einmachgläser.

## UNSERE LIEBLINGSKOMBIS:

*Aufgrund der verwendeten Gewürze passt das Ketchup gut zu orientalischen Gerichten. Probieren Sie es doch zum Beispiel zu Falafeln und zu gebratenem Lamm.*

## SCHNELLER FISCH ROT-WEISS

*Fischfilet, in unserem Fall Wels, mit Zitrone beträufeln, mit Salz und Pfeffer würzen, auf beiden Seiten in Butter oder Öl anbraten, so dass er im Inneren noch glasig ist. Rosa Pfeffer im Mörser zerstoßen und darüberstreuen. Mit etwas saurer Sahne, Rote Rüben-Ketchup und Salat aus Babyspinat oder -mangold servieren.*

*Wer möchte, kann seinen Fisch auch gewürzt, geölt und in Aluminiumfolie verpackt auf den Grill legen.*

*Als große Ketchup- und Rote Rüben-Fans haben wir die Herausforderung angenommen und uns an dieses Rezept gewagt. Es war einiges Tüfteln notwendig, um Geschmack und Konsistenz dieses ausgefallenen Produkts zu optimieren, aber – ohne anzugeben – es ist gelungen! Probieren Sie es selbst.*

# ROTE RÜBEN-KETCHUP

Für ca. 15–20 Schraubflaschen mit breitem Hals oder Schraubgläser (zu je 300 ml)

**ZUTATEN**

2,5 kg Rote Rüben
15 Bio-Blutorangen oder Bio-Orangen
1 kg Zwiebeln
3–4 EL Öl
375 ml Essig, z. B. Weißweinessig
350–400 g Zucker
140–150 g Salz
1 EL Kreuzkümmel, gemahlen
1 EL Koriander, gemahlen
1 TL Sternanis, gemahlen
25 g Speisestärke (z. B. Maisstärke)

**ZUSÄTZLICH**

Küchenreibe, 10-Liter-Topf, Pürierstab, Abfülltrichter

**HALTBARKEIT**

mind. 1 Jahr

Rote Rüben waschen und mit Schale in etwas Wasser weichkochen (je nach Größe kann das 30 bis 45 Minuten dauern). Abgießen, leicht abkühlen lassen, schälen und putzen. In grobe Würfel schneiden. 5 Bio-Orangen heiß waschen und Schale abreiben. Alle Orangen auspressen (sollte circa 1,5 l Saft sein).

Zwiebeln schälen, würfeln und im Topf im heißen Öl anbräunen. Rübenwürfel dazugeben und mit Essig ablöschen. Die Flüssigkeit leicht reduzieren lassen, dann Organgensaft, Zucker und Salz beimengen und zum Kochen bringen. 10 bis 15 Minuten kochen bis die Rüben sehr weich sind. Gewürze und Orangenschale hinzufügen und das Ganze so lange pürieren, bis ein sehr feines Mus entstanden ist. Das dauert bei den Rüben gerne etwas länger. Stärke in einer Tasse in etwas kaltem Wasser anrühren und zum Großteil unter die Masse geben. Wieder zum Kochen bringen und unter ständigem Rühren 3 bis 4 Minuten kochen. Sie merken es, wenn die Stärke anzieht und eine cremige Konsistenz entsteht. Gegebenenfalls weitere gelöste Stärke zugeben.

Das fertige Ketchup kochend heiß mit Hilfe des Abfülltrichters und des Schöpflöffels in die Flaschen oder Gläser abfüllen und diese sofort verschließen. Kalt servieren.

Da das Ketchup nicht sehr viel Zucker und/oder Essig enthält, können Sie es zur Sicherheit abgefüllt nochmals 30 Minuten einkochen. Daher eignen sich auch Einmachgläser.

**UNSERE LIEBLINGSKOMBIS:**

*Unser Senf passt hervorragend zu Bratwürstchen, und ganz besonders lieben wir ihn zu einem würzigen Räucherfisch wie Makrele.*

*Dieser Senf aus Aprikosen ist trotz des Zuckergehalts nicht mit einer klassischen Konfitüre zu vergleichen. Er ist durch sein fruchtig-würziges Aroma vielseitig einsetzbar.*

# APRIKOSENSENF

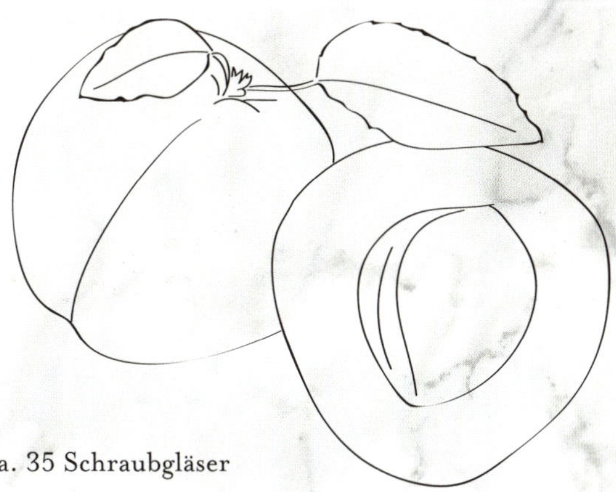

Für ca. 35 Schraubgläser (zu je 150 ml)

**ZUTATEN**

3 kg Aprikosen (geputztes Gewicht)
150 g Senfkörner
50–60 g Pektin
1,75 kg Zucker
1 l Weißwein
2 EL Ingwer, gemahlen

**ZUSÄTZLICH**

10-Liter-Topf, Kaffee- oder Gewürzmühle oder Mörser, Pürierstab, Abfülltrichter, Schöpflöffel

**HALTBARKEIT**

mind. 1 Jahr

Aprikosen waschen, putzen, halbieren und Kerne entfernen. Die Senfkörner in einer Mühle oder im Mörser mahlen. Pektin mit 100 g des Zuckers mischen und beiseite stellen. Aprikosen mit Weißwein, Ingwer und restlichem Zucker im Topf bei großer Hitze und unter Rühren zum Kochen bringen und sprudelnd einige Minuten kochen lassen. Die Pektin-Zucker-Mischung unter schnellem Rühren hinzufügen und 3 Minuten weiterkochen. Masse pürieren und zerstoßenen Senf zugeben. Weitere 2 Minuten kochen. Gelierprobe machen (Seite 22).

Fertigen Senf kochend heiß mit Hilfe des Abfülltrichters und Schöpflöffels in die Gläser füllen und diese sofort verschließen. Kalt servieren.

## UNSERE LIEBLINGSKOMBIS:

*Die süßen Zwiebeln passen perfekt in Ihren nächsten Burger und zu nahezu jeder Art von Käse. Köstlich auch zu diesem schnellen Fingerfood, welches bei uns ein echter Partyklassiker ist:*

## ORIENTALISCHE FLEISCHBÄLLCHEN

*Rinderhackfleisch mit Salz, Pfeffer, gemahlenen Gewürzen wie Zimt, Piment, Kreuzkümmel und Koriander kräftig würzen, mit einem Würfel Feta in der Mitte zu kleinen Bällchen formen und goldbraun braten oder grillen.*

*Bei diesem Rezept handelt es sich streng genommen um eine klassische, ohne Geliermittel lang eingekochte Konfitüre. Durch den Essig und das Salz sind diese Zwiebeln jedoch eine eher würzige Angelegenheit. Bei den Zwiebeln empfehlen wir Sorten wie die Frauenkirchner Zwiebel oder die italienische „Cipolla Rossa di Tropea".*

# KARAMELLISIERTE ZWIEBELN

Etwas Zitrone für die Farbe!

Für ca. 20–25 Schraubgläser (zu je 150 ml)

**ZUTATEN**

5 kg rote Zwiebeln
500 g Butter
3 Zitronen
2 kg Zucker
40–50 g Salz
1 EL Cayennepfeffer, gemahlen
1 EL Nelke, gemahlen
250 ml Balsamicoessig

**ZUSÄTZLICH**

10-Liter-Topf, Abfülltrichter, Schöpflöffel

**HALTBARKEIT**

mind. 1 Jahr

Die Zwiebeln schälen, putzen und in circa 5 mm breite Ringe schneiden. Butter in einem Topf zerlassen und die Zwiebeln darin andünsten, bis sie etwas gebräunt sind. Zitronen auspressen und den Saft über die Zwiebelringe geben. Der Zitronensaft ist wichtig, damit die Zwiebeln ihre rote Farbe behalten. Zucker, Salz und die Gewürze hinzugeben und kurz karamellisieren lassen. Mit dem Essig ablöschen und alles unter Rühren auf kleiner Flamme etwa 20 bis 30 Minuten einkochen lassen. Falls zu viel Flüssigkeit verdunstet und die Masse zu fest wird, mit etwas Wasser strecken.

Die fertigen Zwiebeln kochend heiß mit Hilfe des Abfülltrichters und des Schöpflöffels in die Gläser abfüllen und diese sofort verschließen. Kalt servieren.

**UNSERE LIEBLINGSKOMBIS:**

*Wenn Sie Ihren nächsten Tafelspitz kochen, reichen Sie doch anstatt des typischen Apfel-Meerrettichs die Scharfe Quitte dazu.*

*Sie passt auch sehr gut zu Bratwürstchen und zu gebratenem oder gegrilltem Schweinefleisch.*

# SCHARFE QUITTE
## mit Meerrettich

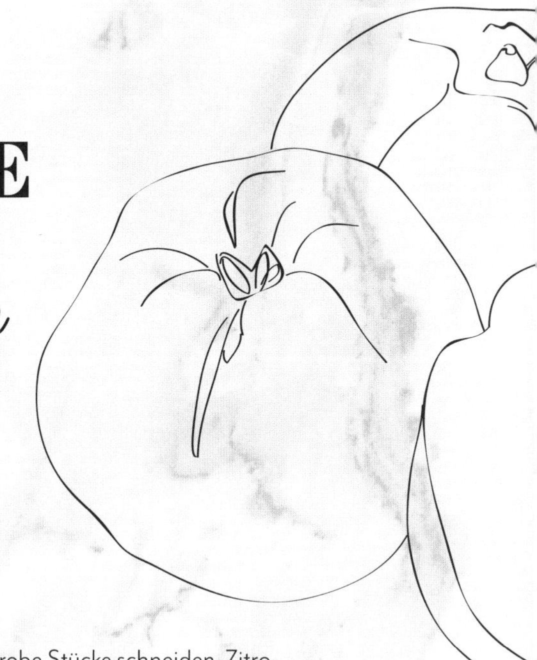

Für ca. 20-25 Schraubgläser (zu je 300 ml)

**ZUTATEN**

5 kg Quitten
1–2 Bio-Zitronen
2,1 l Apfelsaft, selbst entsaftet oder Direktsaft
1 Meerrettichwurzel, groß
850 g Rohrzucker
1 TL Nelke, gemahlen
1/2 TL Sternanis, gemahlen
Chili nach Belieben
Salz nach Gemack

**ZUSÄTZLICH**

10-Liter-Topf, Passiermühle, Küchenreibe, Abfülltrichter, Schöpflöffel

**HALTBARKEIT**

mind. 1 Jahr

Quitten waschen und in grobe Stücke schneiden. Zitronen heiß waschen, Schale abreiben und beiseite stellen, dann Saft auspressen und etwa die Hälfte davon mit den Quitten und dem Apfelsaft in den Topf geben und circa 15 bis 20 Minuten kochen. Währenddessen Meerrettich waschen, schälen und reiben. In ein geschlossenes Gefäß geben.

Die weichen Quitten durch die Passiermühle drehen und so Schalen und Kerne entfernen. Die Masse zurück in den Topf geben und mit dem Zucker und den Gewürzen einige Minuten kochen, bis eine cremige, leicht gelierende Masse entsteht. Mit wenig Salz, Zucker und Zitronensaft abschmecken. Den Meerrettich und die Zitronenschale hinzufügen und kurz aufkochen.

Das Chutney kochend heiß mit Hilfe des Abfülltrichters und des Schöpflöffels in die Gläser abfüllen und diese sofort verschließen. Kalt servieren.

# Allerlei PIKANTES

*Alle versammelt an einem Tisch – ein unkompliziertes Essen gemeinsam mit Freunden und Familie ist für uns immer ein Grund zur Freude und ein besonderer Genuss. Dabei soll es dann bitte ohne großen Aufwand und mit leicht vorzubereitenden Gerichten allen Spaß machen. Die Rezepte in diesem Kapitel helfen Ihnen bestens dabei.*

**GUT ZU WISSEN:**

*Die Nudeln erst ins kochende Wasser geben, wenn alle Gäste bereits da sind. Denn in Italien sagt man: Nicht die Pasta wartet auf den Gast, sondern der Gast wartet auf die Pasta.*

*Pasta macht glücklich!*

*Wir lieben Italien und haben deshalb viele Rezepte für tolle Pastagerichte in den folgenden beiden Kapiteln untergebracht. Damit die Pasta wirklich italienisch schmeckt, sollten Sie beim Kochen der Nudeln einige Grundregeln beachten:*

# DIE PERFEKTE PASTA

Für 3–4 Personen

**ZUTATEN**

4 l Wasser

30–40 g Salz, das entspricht etwa 1,5–2 gehäuften EL – wir verwenden hier gerne grobes Meersalz.

400 g Pasta (aus Hartweizengrieß)

**ZUSÄTZLICH**

5-Liter-Topf oder größer mit Deckel, Nudelsieb, hitzefester Becher

Wasser im Topf zum Kochen bringen und reichlich salzen – denn nur gut gesalzene Pasta ergibt mit dem Sugo ein harmonisches Ganzes!

Die Pasta ins sprudelnde Wasser geben und sofort mit dem Kochlöffel umrühren, damit sie nicht am Boden festklebt. Laut emphohlener Zeit (siehe Verpackung) sprudelnd kochen und gelegentlich umrühren. Eine Minute vor Ende der Kochzeit die Pasta probieren: Für einen typisch italienischen Geschmack sollte sie „al dente“, sprich bissfest, sein, also einen leichten Kern haben. Lieber eine Minute zu früh abgießen und noch mit dem Sugo nachziehen lassen.

Vor dem Abgießen einen Becher Nudelwasser abschöpfen. Dieses ist mit der aus den Nudeln ausgetretenen Stärke später oft noch hilfreich.

Die Pasta durch ein Sieb abgießen und zurück in den Topf geben. Keinesfalls die Nudeln mit Wasser abschrecken, dadurch wäscht sich der Stärkemantel der Pasta ab. Dieser ist aber wichtig für eine gute Verbindung von Sugo und Pasta. Beim Abgießen können Sie auch die Servierschüssel mit dem heißen Wasser anwärmen – denn die Pasta soll dann heiß auf den Tisch kommen.

Den heißen Sugo oder das Pesto direkt im Topf unter die Nudeln mischen und nach Bedarf aufgehobenes Nudelwasser und etwas Olivenöl hinzufügen und unterrühren. Die Pasta saugt in den nächsten Minuten noch reichlich Flüssigkeit auf und gart nach – so entsteht die köstliche Einheit von Pasta und Sugo.

**VARIIEREN SIE EINFACH:**

*Alternativ können Sie auch einen Rotwein-Risotto kochen und dabei zur Hälfte Wein und zur anderen Hälfte Brühe verwenden. Er ist eine tolle Beilage zu dunklem Fleisch.*

*Wir servieren Ihnen hier klassischen italienischen Risotto mit Weißwein. Für uns ist das ein Grundrezept, das zum Beispiel hervorragend mit unseren Pesti, verschiedenen gebratenen Gemüsen und unterschiedlichen Käsesorten variiert werden kann.*

# DER PERFEKTE RISOTTO

für 2 Personen als Hauptgang oder
4 Personen als Beilage oder Vorspeise

### ZUTATEN

100 g Zwiebeln
1–1,5 l Hühner- oder Gemüsebrühe (siehe Seiten 135 und 129)
2 EL Olivenöl oder Butter
200 g Rundkornreis (Arborio oder Carnaroli)
250 ml Weißwein
30 g Butter, kalt
30 g italienischer Hartkäse (Grana Padano oder Parmesan)
Salz und Pfeffer nach Geschmack

### ZUSÄTZLICH

flacher Topf für Risotto, kleiner Topf für Brühe, Kochlöffel, Schöpflöffel

Zwiebeln putzen und sehr fein schneiden. Brühe in einem kleinen Topf aufkochen und köcheln lassen. Olivenöl oder Butter im großen Topf erhitzen und Zwiebeln circa 5 Minuten sanft andünsten. Sie sollten schon sehr weich, aber nicht angebräunt sein. Reis hinzufügen und ebenfalls anschwitzen, bis er leicht glasig ist.

Mit dem Weißwein ablöschen. Flüssigkeit vollständig verdampfen beziehungsweise verkochen lassen. Die Brühe nach und nach hinzugeben, dabei den Reis im Topf immer wieder schwenken und umrühren. Wenn die Brühe fast verdampft ist, die nächste hinzufügen und weiterrühren. Weitere 15 bis 17 Minuten garen und immer wieder Brühe hinzugießen.

Der Risotto ist fertig, wenn er noch Biss hat. Da er cremig fließend sein sollte, muss meistens noch etwas Brühe zugegeben werden, die man nicht mehr einkochen lässt.

Risotto vom Herd nehmen, Butter und Parmesan daruntermischen, mit Salz und Pfeffer abschmecken und einige Minuten ruhen lassen.

**GUT ZU WISSEN:**

*Dieser Knoblauch kann in vielen Gerichten rohen Knoblauch ersetzen, wie zum Beispiel in einer Guacamole, im Tsatsiki, auf der Bruschetta oder bei unserer Mojo verde (Seite 117). Er macht sich auch hervorragend im Salatdressing. Ebenso ist das Öl später noch gut zum Braten geeignet.*

**VARIIEREN SIE EINFACH:**

*Zusätzlich können Sie auch getrocknete Chili, Thymianzweige oder Lorbeerblätter in das Öl geben. Es eignen sich auch Raps- oder Sonnenblumenöl.*

*Der Herbst ist die beste Zeit, um den Jahresvorrat an konfiertem (bezeichnet ein langsames Schmoren in Fett) Knoblauch einzukochen. Er ist ein köstliches Basisprodukt, das anstatt rohem Knoblauch verwendet werden kann – sein Vorteil: schmackhafter und weniger geruchsbildend.*

# KONFIERTER KNOBLAUCH

Für ca. 20–25 Gläser (zu je 150 ml)

**ZUTATEN**

2 kg Knoblauch, frisch
2 Bio-Zitronen
1,5–2 l Olivenöl

**ZUSÄTZLICH**

Schüssel, Sieb, Sparschäler, ofenfeste Form mit Deckel, alternativ mit Aluminiumfolie abdecken, Bratenthermometer

**HALTBARKEIT**

eingekocht: mind. 1 Jahr
frisch: 5–6 Wochen

Knoblauchzehen aus den Knollen lösen, in die Schüssel geben und 30 Sekunden in kochendem Wasser blanchieren. Abseihen und mit kaltem Wasser abschrecken. Harte Enden abschneiden und Haut abziehen. Zitronen heiß waschen und mit dem Sparschäler schälen. Knoblauch und Zitronenschale in die ofenfeste Form geben (am besten aus Glas, zum Beispiel Jenaer Glas, damit Sie den Knoblauch beobachten können) und mit dem Öl auffüllen, bis alles knapp bedeckt ist. Wenn Sie keine Form mit Deckel haben, können Sie die Form auch mit Aluminiumfolie abdecken.

Der Knoblauch muss im Backofen circa 1 Stunde konfieren, wobei das Öl zwischen 80 °C und 90 °C haben sollte. Um dies zu kontrollieren, können Sie ein Bratenthermometer mit der Spitze ins Öl tauchen und mit dem Deckel fixieren oder durch die Aluminumfolie stechen. Je nach Backofen sollte die Temperatur zwischen 90 °C und 100 °C (Ober- und Unterhitze) betragen. Die Knoblauchzehen sollen weich, aber keinesfalls matschig sein.

Abkühlen lassen und die Knoblauchzehen in die Gläser geben, mit dem Öl auffüllen und verschließen. Der Knoblauch hält im Kühlschrank mehrere Wochen. Zum Einwecken den Knoblauch 10 bis 15 Minuten kürzer konfieren und nach dem Abfüllen 15 Minuten einkochen (siehe Seite 22).

**GUT ZU WISSEN:**

*Je schärfer die Chili, desto besser, weil Sie dadurch nur wenige Tropfen zum Würzen brauchen und der Essiggeschmack so das Gericht nicht verfälscht.*

*Dieses Rezept haben wir von einem italienischen Freund aus der Gegend um Pisa mit einem beeindruckenden Gemüsegarten und großer Erfahrung im Konservieren von Leckereien. Grazie Guido!*

# CHILISAUCE
## *auf Italienisch*

Für ca. 8 Gläser
(zu je 150 ml)

**ZUTATEN**

1 kg Chilis, reif und sehr scharf, z. B. Habañero
50–100 ml Weißweinessig, mild
20–30 g Salz

**ZUSÄTZLICH**

Universalzerkleinerer oder Pürierstab, Passiermühle, Abfülltrichter, 5-Liter-Topf mit Deckel

**HALTBARKEIT**

mind. 1 Jahr

Chilis waschen, Stiele und Kerne entfernen. Im Zerkleinerer sehr fein zerkleinern. So viel Essig hinzufügen, dass eine cremige Konsistenz entsteht. Masse durch die Passiermühle oder ein nicht allzu feines Sieb passieren um größere Schalenstücke zu entfernen. Masse abwiegen und 3 % davon an Salz hinzufügen. In kleine Gläser oder Fläschchen abfüllen.

Da in der Regel nicht allzu viele Gläser zusammenkommen, brauchen Sie für die Konservierung nicht zwingend den Backofen oder den Weckautomaten zu bemühen. In der Regel haben die Gläser auch in einem größeren Topf Platz. 20 Minuten einkochen (siehe Seite 22). Herd ausschalten und im Wasser abkühlen lassen.

Wir versuchen, nicht zu viel Essig zu verwenden, weil dieser sonst durch seinen starken Eigengeschmack andere Aromen überdeckt. Andererseits ist Essig als gutes Konservierungsmittel wichtig und macht, gemeinsam mit dem Salz, das geöffnete Glas im Kühlschrank lange haltbar.

**GUT ZU WISSEN:**

*Senf, Pfeffer und Ingwer empfehlen wir für jedes Glas. Die restlichen Gewürze können Sie nach Ihrem Geschmack variieren.*

*Wer die eine oder andere Zucchinipflanze im Garten hat, der darf sich im Sommer phasenweise über eine wahre Zucchinischwemme freuen. Wenn Sie dann nicht wissen wohin damit, empfehlen wir Ihnen die eingelegte Variante unserer Freundin Christine. Da das Gemüse selbst nicht gekocht wird, bleibt es sehr knackig und frisch.*

# KNACKIGE ZUCCHINI
## von Christine

Für ca. 15–20 Schraubgläser (zu je 300 ml)

**ZUTATEN**

2 kg Zucchini, klein
1 kg bunte Karotten

für 2,5 l Sud:
1,35 l Wasser
660 ml Weißweinessig
660 g weißer Kandiszucker
60 g Salz
Essig, Zucker und Salz zum Abschmecken

Gewürze pro Glas:
1 TL Senfkörner, 1/2 TL Schwarze Pfefferkörner, 1/2 Knoblauchzehe (nach Geschmack), 1 Chilischote oder ein Stück einer Peperoni, 1 Scheibe Ingwer, Thymian, Salbei oder andere Kräuter nach Belieben

**ZUSÄTZLICH**

große Schüssel, 5-Liter-Topf, großes Sieb, Abfülltrichter, Schöpflöffel

**HALTBARKEIT**

mind. 1 Jahr

Zucchini und Karotten putzen und in Würfel oder Stifte schneiden. Dabei die Kerne der Zucchini entfernen. Gemüse abwiegen und in eine Schüssel geben. Die Menge des Suds nach diesem Gewicht berechnen (pro 1 kg Gemüse etwa 1 l Sud). Alle Zutaten des Suds in einem Topf aufkochen, bis der Zucker sich gelöst hat. Gemüse mit kochendem Sud übergießen und für 12 bis 24 Stunden abgedeckt kühl stellen.

Für das Abfüllen das Gemüse durch ein Sieb abgießen. Dabei den Sud in einem Topf auffangen, ein weiteres Mal aufkochen und mit Essig, Zucker und Salz abschmecken. Er soll süß-säuerlich schmecken. Die Gewürze und das Gemüse auf die Gläser verteilen. Mit dem kochenden Sud bis knapp unter den Rand auffüllen und sofort mit den Deckeln verschließen.

**GUT ZU WISSEN:**

*Die Eingeweckten Tomaten sind eine hervorragende Basis für einen aromatischen Tomatensugo. Wer variieren möchte, gibt Chili oder Knoblauch schon mit in die Ofenform.*

**SCHNELLE PASTA**

*Etwas Knoblauch und eventuell 3 bis 4 Sardellen in Olivenöl anrösten. Einige Kapern, 1 EL Zucker und 1 Glas Tomaten hinzufügen, das Ganze 10 bis 15 Minuten köcheln lassen. Mit Salz abschmecken. Mit gekochter Pasta vermischen (Seite 85), in Stücke gerissenen Büffelmozzarella und viel frisches Basilikum unterheben. Noch einen Schuss frisches Olivenöl – fertig!*

*Auch wenn man keinen eigenen Garten mit Tomaten hat: Im Hoch- und Spätsommer wird, ob auf Märkten oder in Supermärkten, eine große Vielfalt an Tomaten angeboten, in allen Größen, Formen und Farben.*

# EINGEWECKTE TOMATEN

*So schmeckt der Sommer!*

Für ca. 10 Gläser
(zu je 300 ml)

**ZUTATEN**
3 kg Tomaten, reif und verschiedene Sorten
3 EL Olivenöl
2 TL Zucker
2 TL Salz
pro Glas 1 Blatt Basilikum, frisch

**ZUSÄTZLICH**
große feuerfeste Auflaufform oder Backblech

**HALTBARKEIT**
mind. 1 Jahr

Backofen auf 200 °C (Ober- und Unterhitze) vorheizen, Tomaten waschen,nebeneinander in die Form legen. Olivenöl, Zucker und Salz darüber verteilen. Falls die Tomaten in der Größe stark variieren, eventuell auf zwei Formen aufteilen, eine für die größeren und eine für die kleineren, um die kleineren gegebenenfalls früher aus dem Ofen holen zu können.

Je nach Größe der Tomaten circa 15 bis 20 Minuten im Ofen lassen. Die Tomaten sollen leichte Röststoffe entwickeln, die Schale soll aufplatzen, damit sie sich nachher leicht lösen lässt.

Aus dem Ofen holen und so weit abkühlen lassen, dass Sie die Tomaten, ohne sich zu verbrennen, schälen können (sehr kleine müssen nicht unbedingt geschält werden). Austretenden Tomatensaft auffangen!

In der Zwischenzeit Ofentemperatur auf 150 °C reduzieren und die Gläser darin für 10 Minuten sterilisieren. Die geschälten Tomaten in die Gläser füllen. In die Mitte des Glases ein frisches Basilikumblatt geben. Die Gläser mit dem aufgefangenen Tomatensaft auffüllen, verschließen und 45 Minuten einkochen.

Hasta la Pasta, Baby!

**SCHNELLE LASAGNE**

*Ofenform einfetten. Lasagnenudelblätter, Sugo und dünne Feta- oder Mozzarellascheiben abwechselnd hineinschichten. Mit einer Schicht Käse abschließen. Bei 180 °C (Ober- und Unterhitze) circa 45 min backen.*

*Wir verwenden für dieses Rezept gerne Kastanienhonig, der in Italien sehr verbreitet ist. Dieser hat ein besonders intensives, eher würziges Aroma und harmoniert hervorragend mit dem Rosmarin.*

# SOMMERSUGO
## mit Auberginen & Honig

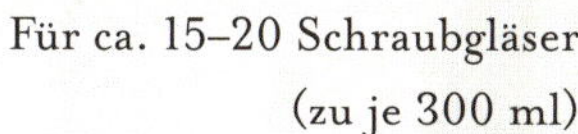

Für ca. 15–20 Schraubgläser (zu je 300 ml)

**ZUTATEN**

2 kg Tomaten, frisch oder eingeweckt (Seiten 95 oder 100)
3 kg Auberginen
500 g Zwiebeln
6–8 Knoblauchzehen
2 Bund Petersilie, glatt
Chilischoten nach Geschmack
5–6 EL Olivenöl
2–3 Zweige Rosmarin
5–6 EL Honig, z. B. Kastanie
Salz nach Geschmack

**ZUSÄTZLICH**

10-Liter-Topf, große Schüssel, Abfülltrichter, Schöpflöffel

**HALTBARKEIT**

mind. 1 Jahr

Frische Tomaten häuten: An der Unterseite kreuzförmig einschneiden, mit kochendem Wasser überbrühen und ziehen lassen, bis sich die Schale an den Rändern löst. Abgießen und Schale abziehen, in grobe Würfel schneiden.

Auberginen waschen und putzen. Zwiebeln und Knoblauch schälen und klein schneiden. Petersilie waschen, Blätter abzupfen und beiseite stellen, Stiele klein schneiden. Chili waschen, Stiele und Kerne entfernen und klein schneiden.

Olivenöl im Topf erhitzen, Zwiebeln, Knoblauch und Petersilienstiele darin anbräunen. Währenddessen Auberginen in circa 1 bis 1,5 cm große Würfel schneiden und hinzufügen. Kurz anbraten. Tomaten dazugeben und 20 bis 30 Minuten weichkochen. Rosmarin waschen, entweder als ganzen Zweig oder kleingeschnitten gemeinsam mit Honig und Chili in den Topf geben und einige Minuten kochen. Zweige wieder entfernen. Mit Salz und gegebenenfalls Honig kräftig süß abschmecken.

Den fertigen Sugo kochend heiß mit Hilfe des Abfülltrichters und des Schöpflöffels in die Gläser abfüllen und diese sofort verschließen. Sie können einen Teil natürlich auch sofort mit Pasta essen.

## PAPPARDELLE CON CODA ALLA VACCINARA

*Breite Eierbandnudeln kochen (siehe Seite 85). Ragout erhitzen, mit ein wenig Nudelkochwasser und frischem Olivenöl mischen, unter die Nudeln heben. Sofort und heiß servieren. Mit geriebenem Parmesan nach Belieben bestreuen. Dazu passt natürlich hervorragend ein Glas guter, kräftiger Rotwein.*

*Dieses kräftige, würzige Rezept passt perfekt in die kalte Jahreszeit und ist an Feiertagen ein wahres Festmahl. Für eine große Runde mit Familie und Freunden lässt es sich hervorragend vorkochen und dann unkompliziert mit Bandnudeln servieren.*

# OCHSENSCHWANZ-RAGOUT

Für ca. 8–10 Gläser (zu je 300 ml)

**ZUTATEN**

1 Knollensellerie, klein
3 Karotten
3 Zwiebeln, groß
4 Knoblauchzehen
ca. 2 kg Ochsenschwanz, in Stücken
4 EL Olivenöl
4 EL Zucker
200 ml Portwein
1 l Rotwein
1 EL Pimentkörner
1 TL Schwarze Pfefferkörner
5 Lorbeerblätter
500 g Pomodori pelati, gekauft oder selbstgemacht (Seite 100)
500 ml Rinder- oder Hühnerbrühe
je 2 Zweige Rosmarin & Thymian
Salz nach Geschmack

**ZUSÄTZLICH**

großer, flacher Schmortopf, Mörser, Abfülltrichter, Schöpflöffel

**HALTBARKEIT**

eingekocht: mind. 6 Monate
im Kühlschrank: 3–4 Wochen

Sellerie, Karotten, Zwiebeln und Knoblauch waschen, schälen und klein würfeln. Ochsenschwanzstücke in Olivenöl rundum goldbraun anbraten und wieder aus dem Topf nehmen. Im gleichen Fett die gewürfelten Gemüse und den Zucker anbräunen. Erst mit dem Portwein und dann nach und nach mit Rotwein ablöschen. Die Flüssigkeit vor jedem Ablöschen immer wieder stark reduzieren lassen. Fleisch wieder in den Topf geben. Piment und Pfeffer im Mörser zerstoßen und hinzugeben. Übrigen Rotwein, Tomaten, Brühe und restliche Gewürze hinzugeben, leicht salzen, aufkochen und circa 3 Stunden bei geringer Hitze langsam schmoren, bis das Fleisch weich ist und leicht vom Knochen geht. Rosmarin, Thymian und Lorbeerblätter herausnehmen. Fleischstücke herausnehmen, leicht abkühlen lassen, und das Fleisch am besten mit den Fingern von den Knochen lösen und wieder in den Topf geben. Ragout wieder aufkochen, gegebenenfalls etwas Flüssigkeit hinzugeben und mit Salz und Pfeffer abschmecken.

Im Kühlschrank hält sich das Ragout für 3 bis 4 Wochen, wenn es kochend heiß in Schraubgläser abgefüllt und verschlossen wurde. Außerdem eignet es sich gut zum Einfrieren. Alternativ können Sie es auch 90 Minuten im Einkochautomaten oder Kochtopf einkochen (siehe Seite 22).

## GESCHÄLTE TOMATEN

*Wir verwenden selbstgemachte „Pomodori pelati": Reife Tomaten, am besten eine kernarme Sorte, wie zum Beispiel die San-Marzano-Tomate, an der Unterseite einschneiden, überbrühen, häuten, Strünke entfernen, möglichst dicht in große Gläser schichten, circa zwei Drittel hoch mit Wasser aufgießen und verschließen. Gläser 45 Minuten einkochen.*

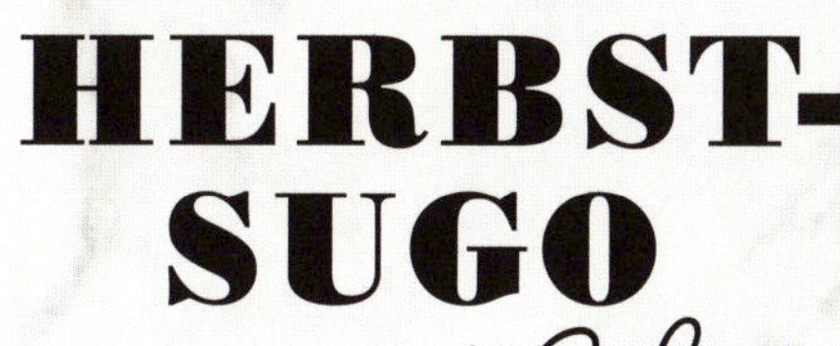

# HERBST-SUGO mit Schweinefleisch & Whisky

Für ca. 10–15 Gläser
(zu je 300 ml)

**ZUTATEN**

2 Hokkaidokürbisse, mittelgroß
3–4 Karotten
2 Zwiebeln, mittelgroß
4 Knoblauchzehen
3 EL Olivenöl
4 EL Tomatenmark
1 kg Schweinehackfleisch
1 kg Pomodori pelati, gekauft oder selbstgemacht (linke Seite)
1 TL Piment, gemahlen
2 Zweige Rosmarin
4 Lorbeerblätter
Chili nach Geschmack
Salz und Zucker nach Geschmack
200 ml Whisky, am besten malzig-torfig

**ZUSÄTZLICH**

breiter 10-Liter-Topf, Abfülltrichter, Schöpflöffel

**HALTBARKEIT**

eingekocht: mind. 6 Monate
im Kühlschrank: 3–4 Wochen

Kürbis waschen, halbieren, Kerne und Stiel entfernen, dann in kleine Würfel schneiden und beiseite stellen. Karotten waschen und so wie Zwiebeln und Knoblauch schälen und sehr klein würfeln (alternativ: Universalzerkleinerer verwenden). In Olivenöl goldbraun anbraten, Tomatenmark mitrösten. Dann Hackfleisch dazugeben und weiterrösten. Tomaten, Kürbiswürfel und Gewürze beifügen, zum Kochen bringen und circa 45 Minuten köcheln lassen. Falls die Sauce zu dickflüssig wird, etwas Wasser oder Brühe hinzufügen. Mit Salz und Zucker abschmecken. Am Ende der Kochzeit den Whisky hinzufügen und nur noch ein paar Minuten weiterkochen lassen. Rosmarinzweige und Lorbeerblätter entfernen.

Im Kühlschrank hält sich der Sugo für 3 bis 4 Wochen, wenn er kochend heiß in Schraubgläser abgefüllt und verschlossen wurde. Außerdem eignet er sich gut zum Einfrieren. Alternativ können Sie ihn auch 90 Minuten im Einkochautomaten oder Kochtopf einkochen (siehe Seite 22).

Pretty in Pink!

### ROTE RÜBEN-RISOTTO

*Risotto nach Rezept (siehe Seite 87) kochen und vor dem Hinzugeben von Butter und Hartkäse einige Löffel Pesto unterrühren. Dann erst mit Butter und geriebenem Hartkäse abschmecken. Nach Belieben mit angerösteten Speckwürfeln und/oder frischem Thymian bestreuen. Passt auch als Beilage zur Entenbrust oder zum Rinderfilet.*

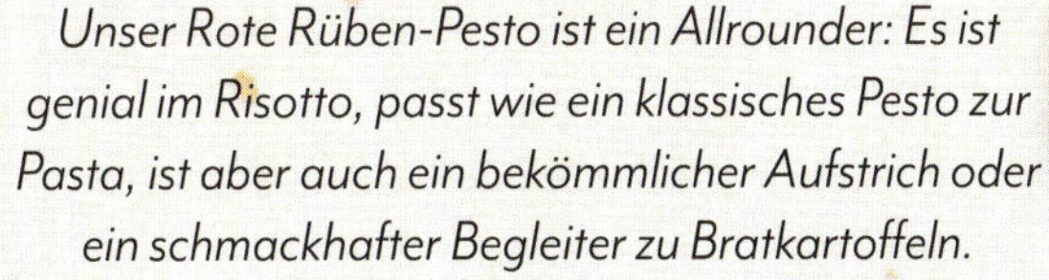

*Unser Rote Rüben-Pesto ist ein Allrounder: Es ist genial im Risotto, passt wie ein klassisches Pesto zur Pasta, ist aber auch ein bekömmlicher Aufstrich oder ein schmackhafter Begleiter zu Bratkartoffeln.*

# ROTE RÜBEN-PESTO

Für ca. 15–20 Gläser (zu je 150 ml)

**ZUTATEN**

2 kg Rote Rüben
300 g Walnüsse, geschält
450 ml Olivenöl
75 ml Balsamicoessig
2 TL Kümmel, gemahlen
30 g Salz
Pfeffer und Zucker nach Geschmack

**ZUSÄTZLICH**

5-Liter-Topf, große Schüssel, Pürierstab, Abfülltrichter

**HALTBARKEIT**

eingekocht: mind. 6 Monate
frisch: 2–3 Wochen

Rote Rüben waschen und mit Schale mit Wasser bedeckt im Topf weichkochen (je nach Größe kann das 30 bis 45 Minuten dauern). Abgießen, leicht abkühlen lassen, schälen und putzen. In grobe Stücke schneiden. Mit allen anderen Zutaten in einer Schüssel fein pürieren. Gegebenenfalls mit Salz, Pfeffer, Zucker und Kümmel abschmecken. Das fertige Pesto in die Gläser füllen und diese verschließen.

Im Kühlschrank hält es sich für 2 bis 3 Wochen. Alternativ können Sie Ihr Pesto auch 30 Minuten im Einkochautomaten oder Kochtopf einkochen (siehe Seite 22).

# 1001 Nacht im Glas

**UNSERE LIEBLINGSKOMBI:**

*Unsere Wurzelaufstriche (Rezepte auf den Seiten 103–107) eignen sich alle bestens dazu kalt gegessen zu werden – zum Beispiel auf knusprig geröstetem Brot.*

# ORIENTALISCHE KAROTTE

## würziger Aufstrich

Für ca. 10–15 Gläser (zu je 150 ml)

**ZUTATEN**

1 kg Karotten
5 Bio-Orangen
200 g Zwiebeln
3–4 cm Ingwer, frisch
1 EL Öl zum Braten
1 TL Schwarze Pfefferkörner
1 TL Koriandersamen
1 TL Currypulver
etwas Chili, frisch oder getrocknet
100 ml Apfelessig
175 g Zucker
10–15 g Salz
125 g Erdnüsse, geröstet
75 ml Erdnussöl, kalt gepresst

**ZUSÄTZLICH**

Küchenreibe, 5-Liter-Topf, Pürierstab, Abfülltrichter

**HALTBARKEIT**

eingekocht: mind. 6 Monate
frisch: 2–3 Wochen

Karotten waschen und schälen. Eine Hälfte in Scheiben schneiden, die andere Hälfte fein raspeln und abgedeckt zur Seite stellen. Orangen heiß waschen, Schale abreiben und Saft auspressen. Zwiebeln und Ingwer schälen, klein schneiden und in Öl anbraten. Pfeffer, Koriander, Curry und Chili dazugeben und mitbraten. Karottenscheiben hinzufügen, kurz mitrösten und mit Essig ablöschen. Kurz einkochen, dann Zucker, Salz und Orangensaft beimengen. Bei kleiner Hitze und gegebenenfalls mit Deckel so lange schmoren, bis die Karotten weich sind. Falls die Flüssigkeit zu schnell verdampft, mit etwas Wasser strecken. Es soll nicht trocken werden.

Erdnüsse und Erdnussöl untermengen und dann das Ganze pürieren. Mit Salz abschmecken. Karottenraspel und Orangenschale zuletzt beifügen und noch einmal unter Rühren kurz aufkochen. Den fertigen Aufstrich in die Gläser füllen und diese verschließen.

Im Kühlschrank hält er sich für 2 bis 3 Wochen. Alternativ können Sie den Aufstrich auch 30 Minuten im Einkochautomaten oder Kochtopf einkochen (siehe Seite 22).

**UNSERE LIEBLINGSKOMBI:**

*Die Cremige Pastinake passt toll in ein Panino.*
*Auch Veganer freuen sich über diesen Aufstrich!*

# CREMIGE PASTINAKE

## pfeffriger Aufstrich

Für ca. 10–15 Gläser
(zu je 150 ml)

**ZUTATEN**

1 kg Pastinaken
1 Bio-Zitrone
200 g Zwiebeln
1 EL Öl zum Braten
80 ml Apfelessig
500 ml Apfelsaft, selbst entsaftet oder Direktsaft
2 EL Rosa Pfefferkörner
Zucker nach Geschmack
10–15 g Salz
150 g Cashewkerne
75 ml Erdnussöl, kalt gepresst
Muskatnuss, ganz

**ZUSÄTZLICH**

Küchenreibe, 5-Liter-Topf, Pürierstab, Abfülltrichter

**HALTBARKEIT**

eingekocht: mind. 6 Monate
frisch: 2–3 Wochen

Pastinaken waschen und schälen. Eine Hälfte in Scheiben schneiden, die andere Hälfte fein raspeln. Zitrone heiß waschen, Schale abreiben, Saft auspressen und beides mit den Raspeln mischen. Abgedeckt beiseite stellen. Zwiebeln schälen, klein schneiden und in Öl anbraten. Pastinakenscheiben hinzugeben, kurz mitrösten und mit Essig ablöschen. Kurz einkochen, dann Apfelsaft, Rosa Pfeffer, Zucker und Salz hinzufügen. Bei kleiner Hitze und gegebenenfalls mit Deckel so lange schmoren, bis die Pastinaken weich sind. Falls die Flüssigkeit zu schnell verdampft, mit etwas Wasser strecken. Es soll nicht trocken werden. Cashewkerne und Erdnussöl untermengen und dann das Ganze pürieren. Mit Salz abschmecken. Pastinakenraspel dazugeben und noch einmal unter Rühren kurz aufkochen. Kräftig Muskatnuss hineinreiben und gegebenenfalls mit Zucker und Salz abschmecken.
Den fertigen Aufstrich in die Gläser füllen und diese verschließen.

Im Kühlschrank hält er sich für 2 bis 3 Wochen. Alternativ können Sie den Aufstrich auch 30 Minuten im Einkochautomaten oder Kochtopf einkochen (siehe Seite 22).

**UNSERE LIEBLINGSKOMBI:**

*Passt zu Pasta, z. B. Tagliatelle. Hierfür etwas Nudelwasser mit Pesto verrühren und unter die Pasta geben. Mit Olivenöl, Zitronenabrieb und frischer Petersilie verfeinern. Geriebener Parmesan nach Belieben.*

**PILZE UND SPIEGELEI**

*In einer Pfanne dünn geschnittene Pilze und Thymianzweige kurz in Butter anbraten. Eier in die Pfanne schlagen und knusprig braten. Mit Salz und Pfeffer würzen. Mit dem Pesto garnieren.*

*Pilze können Sie mit dem notwendigen Know-how und Ortskenntnis in unseren Wäldern sammeln. Alternativ gibt es mittlerweile die Möglichkeit, sie an einem kühlen, dunklen Ort selbst zu ziehen. Eine Vielzahl an Anzuchtsets finden Sie im Internet.*

# PILZPESTO

## *Wald im Glas!*

Für ca. 20-25 Gläser
(zu je 150 ml)

**ZUTATEN**

500 g Mandeln
2 kg Pilze (ideal sind Steinpilze, Shiitake oder Champignons)
2 Bund Petersilie, glatt
5 Knoblauchzehen, frisch oder konfiert (Seite 89)
2 Bio-Zitronen
500 g Parmesan
500 ml Olivenöl
Salz nach Geschmack
Pfeffer

**ZUSÄTZLICH**

Küchenreibe, Mixer oder Pürierstab, große Schüssel, Abfülltrichter

**HALTBARKEIT**

eingekocht: mind. 6 Monate
frisch: 3-4 Wochen

Mandeln – falls sie ungeschält sind – in eine Schüssel geben und mit kochendem Wasser überbrühen. Stehen lassen, bis sich die Schalen anfangen zu lösen. Abgießen und Mandeln aus den Schalen drücken.

Pilze putzen und grob würfeln. Petersilie waschen und mit Stiel grob schneiden. Knoblauch schälen. Wenn Sie keinen rohen Knoblauch verwenden möchten, den Knoblauch in Scheiben schneiden und in einem kleinen Gefäß, wie einer Tasse, mit kochendem Wasser übergießen und einige Minuten ziehen lassen. Alternativ konfierten Knoblauch verwenden. Zitronen heiß waschen, Schale abreiben und Saft auspressen. Parmesan reiben.
Mandeln, Pilze, Petersilie, Knoblauch, die Hälfte des Zitronensafts und das Öl in den Mixer geben und pürieren. Alternativ können Sie auch alles in eine Schüssel geben und mit einem Pürierstab zerkleinern. Zum Schluss Parmesan und Zitronenschale hinzufügen. Mit Salz, reichlich Pfeffer und gegebenenfalls weiterem Zitronensaft abschmecken. Das fertige Pesto in die Gläser füllen und diese verschließen.

Im Kühlschrank hält es sich für 3 bis 4 Wochen. Außerdem eignet es sich gut zum Einfrieren. Bei diesen beiden Aufbewahrungsmethoden bleibt der Geschmack am besten enthalten. Alternativ können Sie Ihr Pesto auch 30 Minuten im Einkochautomaten oder Kochtopf einkochen (siehe Seite 22).

## BACON BURGER

*Rinderhackfleisch nach Geschmack kräftig würzen, Patty formen und medium anbraten oder grillen. In ein Laugenbrötchen Spinat- und Radicchioblätter, Patty und Bacon Jam schichten und sofort servieren.*

*Eine Konfitüre aus Speck? Ja, das ist tatsächlich unser Ernst! Denn irgendwie schmeckt doch alles ein bisschen besser, wenn Speck im Spiel ist …*

# BACON JAM

Mit Speck fängt man Mäuse!

Für ca. 8–10 Schraubgläser (zu je 150 ml)

**ZUTATEN**

500 g rote Zwiebeln
3 Knoblauchzehen
1 kg Bauchspeck, in Scheiben geschnitten
2 TL Schwarze Pfefferkörner
1 TL Pimentkörner
1 TL Szechuanpfefferkörner
2 TL Paprikapulver
150 ml Ahornsirup
150 ml Whisky
1 Bio-Zitrone
175 g brauner Zucker
10 EL Balsamicoessig

**ZUSÄTZLICH**

große Pfanne oder flacher Topf, Mörser, Abfülltrichter, Schöpflöffel

**HALTBARKEIT**

eingekocht: mind. 6 Monate
im Kühlschrank: 3–4 Wochen

Zwiebeln und Knoblauch schälen und fein würfeln. Speck in kleine Würfel schneiden und in einer Pfanne richtig kross braten. Die Würfel auf einem Küchenkrepp abtropfen und abkühlen lassen. Nach dem Braten das Fett bis auf einige Esslöffel aus der Pfanne gießen. Nicht auswaschen. Im ausgelassenen Fett Zwiebeln und Knoblauch bei mäßiger Hitze anbraten. Pfeffer und Piment fein mörsern. Alle Gewürze, Ahornsirup und Whisky hinzugeben und das Ganze etwa 3 Minuten kochen lassen. Zitrone heiß waschen, Schale abreiben und Saft auspressen. Saft, braunen Zucker und Balsamico zur Konfitüre geben und nochmals etwa 3 Minuten köcheln. Speck zur Masse geben und bei geringer Hitze etwa 15 Minuten leise köcheln lassen. Am Ende der Kochzeit Zitronenschale hinzugeben.

Wenn die Masse sämig ist, ist die Jam fertig. Wird sie während des Kochens zu dickflüssig, etwas Wasser hinzugeben. Ist sie zu dünnflüssig, weiter einkochen lassen.

Im Kühlschrank hält sie sich für 3 bis 4 Wochen, wenn sie kochend heiß in Schraubgläser abgefüllt und verschlossen wurde. Alternativ können Sie sie auch 90 Minuten im Einkochautomaten oder Kochtopf einkochen (siehe Seite 23).

**BUNTE VARIATIONEN**

*Sie können Ihre Pastete variieren und verfeinern, indem Sie zum Beispiel einige Esslöffel unserer Cranberrykonfitüre (Seite 57) oder kurz in Weißwein, Zucker und Birnenschnaps gekochte Birnenwürfelchen oder gehackte Pistazien unter die Masse geben. Nach dem Öffnen kann die Pastete dann noch mit Cranberry- oder Preiselbeerkonfitüre bestrichen werden.*

*Unsere Wildpastete ist ein Klassiker zur Weihnachtszeit. Sie wird zwar eingekocht, muss aber trotzdem im Kühlschrank gelagert werden. Dort hält sie dann 3 bis 4 Wochen.*

# FESTLICHE WILDPASTETE

Für ca. 20–25 Sturzgläser für Pasteten (zu je 150 ml)

### ZUTATEN

400 g Zwiebeln
1–2 EL Butterschmalz
1 kg Wildfleisch, z. B. Reh oder Hirsch
1 kg Schweinebauch (2/3 Fettanteil)
etwas Wasser
1 EL Schwarze Pfefferkörner
1 TL Pimentkörner
1/2 Muskatnuss
500 g Wildleber, z. B. Reh oder Hirsch
55 g Salz, davon ev. 1/3 Pökelsalz für die rosa Farbe
10 g Majoran, gerebelt
5 g Thymian, gerebelt

### ZUSÄTZLICH

Pfanne, 5-Liter-Topf, Mörser, feine Küchenreibe, Fleischwolf mit 3 mm Scheibe, Abfülltrichter, Schöpflöffel

### HALTBARKEIT

eingekocht: im Kühlschrank 3–4 Wochen

Zwiebeln schälen, sehr klein schneiden und in Butterschmalz in einer Pfanne glasig dünsten. Das Wildfleisch und den Schweinebauch bedeckt mit Wasser oder Brühe circa 90 Minuten köcheln lassen. Pfeffer und Piment im Mörser zerstoßen, Muskatnuss reiben. Fleisch entnehmen (Kochbrühe aufheben), in wolfgerechte Stücke schneiden und abwiegen. Ein Viertel dieses Gewichts nehmen Sie dann an Leber. Diese in der Kochbrühe circa eine halbe Minute brühen, dann ebenfalls in Stücke schneiden und zusammen mit dem Fleisch, Salz und allen Gewürzen heiß durch den Fleischwolf drehen.

Wenn die Pastete rötlich statt grau aussehen soll, ein Drittel des Salzes durch Pökelsalz ersetzen. Masse abwiegen und circa 25 % des Gewichts an heißer Kochbrühe hinzugeben (immer die obere, fette Schicht davon verwenden). Alles gut durchmischen – es sollte ein Brei sein.

In die Gläser abfüllen, dabei 2 cm zum Rand hin frei lassen. 120 Minuten im Einkochautomaten oder Kochtopf einkochen (siehe Seite 23). Nach dem Abkühlen in den Kühlschrank stellen.

*Heute wird der Sonntagsbraten mit einem italienischen Gewürzsalz mediterran verfeinert. Ein anderes Mal kommt ein Kräuterpesto unter die Haut des gebratenen Hähnchens. Und zur Gemüsepfanne gibt es eine Mojo verde – eine kräftig grüne, kalte Kräutersauce. Kräuter und Gewürze sind vielseitig einsetzbar und bringen Abwechslung auf die Teller!*

**UNSERE LIEBLINGSKOMBIS:**

*Die Sauce passt gut zu Steak und Fisch, aber auch exzellent zu Ofenkartoffeln und gebratenem Gemüse.*

**VARIIEREN SIE EINFACH:**

*Sie können Ihre Mojo verde problemlos mit anderen grünen Zutaten variieren. Gut eignen sich grüne Paprikaschoten, ein wenig Spinat oder Rucola und Oregano.*

*Hauptsache grün! Und würzig, und ein wenig säuerlich. Bei dieser Sauce können Sie nach Belieben variieren. So unkompliziert wie dieses Rezept ist, so vielfältig sind die Einsatzmöglichkeiten.*

# MOJO VERDE

## frische Kräutersauce

Für ca. 3–4 Gläser
(zu je 150 ml)

### ZUTATEN

3 Bund Petersilie
3 Bund Koriander
2 Bund Minze
5–6 Knoblauchzehen, roh oder konfiert (Seite 89)
1 Bio-Zitrone
1 TL Kreuzkümmel, gemahlen
1 TL Koriander, gemahlen
1–2 TL Chilisauce (Seite 91), alternativ: Chili, frisch oder getrocknet
3 EL Rotweinessig
300 ml Olivenöl
Salz und Zucker nach Geschmack

### ZUSÄTZLICH

Mixer oder Pürierstab, Küchenreibe, Abfülltrichter, Schöpflöffel

### HALTBARKEIT

eingekocht: mind. 6 Monate
frisch: 1–2 Wochen

Kräuter waschen, Minzblätter abzupfen. Frischen Knoblauch schälen. Zitrone heiß waschen, Schale abreiben und auspressen. Kräuter, Gewürze, Zitronenschale, Chilisauce oder Chili, Essig und Öl im Mixer pürieren (oder in einer großen Schüssel mit dem Pürierstab). Gegebenenfalls noch etwas Olivenöl hinzugeben. Mit Zitronensaft, Salz und Zucker abschmecken. Die fertige Mojo verde in die Gläser füllen und verschließen.

Im Kühlschrank hält sie sich für 1 bis 2 Wochen. Außerdem eignet sie sich gut zum Einfrieren. Bei diesen beiden Aufbewahrungsarten bleibt der Geschmack am besten erhalten. Alternativ können Sie die Mojo verde auch 30 Minuten einkochen (siehe Seite 22). Dadurch verändern sich jedoch sowohl Geschmack als auch Farbe.

## UNSERE LIEBLINGSKOMBIS:

*Das Pesto passt hervorragend zu Pasta mit frischen, halbierten Cocktailtomaten und zu einem Couscous-Salat. Sie können es auch einem Brathähnchen vor dem Braten unter die Haut schieben. Lösen Sie dafür die Haut vorsichtig mit den Fingern vom Fleisch und füllen Sie ein wenig Pesto mit einem kleinen Löffel in die entstandenen Taschen.*

## COUSCOUS-SALAT

*Couscous nach Packungsanweisung dämpfen, mit Salz, Pfeffer, Zitronensaft und -schale sowie Olivenöl abschmecken. Paprika, Gurke und Feta würfeln. Zwiebelringe schneiden, Granatapfelkerne auslösen. Alles unter den Salat mischen und mit Pesto garnieren.*

*Neben der klassischen Variante aus Basilikum eignen sich auch andere grüne Kräuter, darunter vor allem die gute, alte Petersilie, bestens für ein aromatisches Pesto. Unseres bekommt durch die Datteln eine leicht südländisch-orientalische Note und ist daher bei weitem nicht nur zur Pasta ein Traum.*

# PETERSILIEN-PESTO mit Datteln

Für ca. 15 Gläser (zu je 150 ml)

**ZUTATEN**

250 g Haselnüsse
500 g Petersilie, frisch (Blätter und Stiele)
150 g Datteln
1–2 Bio-Orangen
1–2 Bio-Zitronen
Chili nach Geschmack
750 ml Olivenöl
250 g Parmesan
ca. 50 g Salz

**ZUSÄTZLICH**

Backblech, große Schüssel, Küchenreibe, Mixer, Abfülltrichter

**HALTBARKEIT**

eingekocht: mind. 6 Monate
frisch: 3–4 Wochen

Backofen auf 175 °C (Ober- und Unterhitze) vorheizen. Haselnüsse auf dem Blech verteilen und im Backofen circa 10 Minuten rösten. Vorsicht: Haselnüsse verbrennen leicht. Werfen Sie daher während des Röstens immer wieder einen Blick in den Ofen. Abkühlen lassen.

Währenddessen Petersilie waschen und mit Stielen grob schneiden. Datteln halbieren und entkernen. Orangen und Zitronen heiß waschen, Schale abreiben und Saft auspressen. Haselnüsse, Petersilie, Datteln, Saft und Abrieb sowie Chili mit dem Öl vermixen, bis eine cremige Masse entsteht (Feine Stückchen sind darin erwünscht!). Falls Ihr Mixer nicht groß genug ist, in mehreren Chargen verarbeiten und alles in eine große Schüssel geben. Wenn die Masse zu dick ist, noch etwas Öl zugeben. Zum Schluss den Parmesan reiben und unterheben. Mit dem Salz abschmecken. Das fertige Pesto in die Gläser füllen und diese verschließen.

Im Kühlschrank hält es sich für 3 bis 4 Wochen. Außerdem eignet es sich gut zum Einfrieren. Bei diesen beiden Aufbewahrungsarten bleibt der Geschmack am besten enthalten. Alternativ können Sie Ihr Pesto auch 30 Minuten einkochen (siehe Seite 22). Dadurch verändern sich jedoch sowohl Geschmack als auch Farbe.

**GUT ZU WISSEN:**

*Viele Italienerinnen und Italiener trocknen ihre Tomaten unter der südländischen Sonne selbst. Dafür werden die roten Früchte halbiert, auf spezielle Gitter gelegt, mit Meersalz bestreut und in die Sonne gestellt. An sehr heißen Sommertagen (oder alternativ im Backofen oder Dörrgerät) können Sie die Tomaten auch in unseren Breitengraden selbst trocknen.*

**UNSERE LIEBLINGSKOMBIS:**

*Probieren Sie dieses Pesto auf knusprig geröstetem Weißbrot oder klassisch zur Pasta.*

Gruß aus der Küche!

*Getrocknete Tomaten gibt es schön weich und frisch in der Farbe im Supermarkt oder auf Märkten zu kaufen. Das Basilikum kommt idealerweise aus dem eigenen Garten.*

# PESTO SICILIANO

Für ca. 15–20 Gläser (zu je 150 ml)

**ZUTATEN**

250 g Tomaten, getrocknet
6 Bund Basilikum
2 Bio-Zitronen
3 Knoblauchzehen
300 g Mandeln, geschält
1–2 EL Kapern
1,5 l Olivenöl
200 g Pecorino
75–80 g Salz
90–100 g Zucker

**ZUSÄTZLICH**

große Schüssel, Küchenreibe, großer Mixer, Abfülltrichter

**HALTBARKEIT**

eingekocht: mind. 6 Monate
frisch: 3–4 Wochen

Falls die getrockneten Tomaten schon sehr fest sind, mit ein wenig kochendem Wasser übergießen und weich werden lassen. Basilikum waschen und Blätter abzupfen. Zitronen heiß waschen, Schale abreiben und auspressen. Knoblauch schälen. Tomaten, Basilikum, Mandeln, Knoblauch und Kapern mit dem Öl vermixen, bis eine cremige Masse (Feine Stückchen sind darin erwünscht!) entsteht. Falls Ihr Mixer nicht groß genug ist, in mehreren Chargen verarbeiten und alles in eine große Schüssel geben. Wenn die Masse zu dick ist, noch etwas Öl zugeben.

Zum Schluss den Käse reiben und untermengen. Mit dem Salz und dem Zucker abschmecken. Das fertige Pesto in die Gläser füllen und diese verschließen.

Im Kühlschrank hält es sich für 3 bis 4 Wochen. Außerdem eignet es sich gut zum Einfrieren. Bei diesen beiden Aufbewahrungsmethoden bleibt der Geschmack am besten enthalten. Alternativ können Sie Ihr Pesto auch 30 Minuten einkochen (siehe Seite 22). Dadurch verändern sich jedoch sowohl Geschmack als auch Farbe.

**UNSERE LIEBLINGSKOMBIS:**

*Zerreiben Sie einfach eine kleine Menge der Blüten zwischen den Fingern und streuen Sie sie über Ihre Speisen. Sie können die Blüten auch in Saucen und Pfannengerichten mitkochen.*

*Die aromatischen Blüten passen hervorragend zu frischen Tomaten, zu Mozzarella oder in ein Salatdressing.*

*Meistens werden vom Basilikum nur die Blätter verwendet. Dabei lassen sich auch die Blüten der unterschiedlichen Sorten hervorragend nutzen. Getrocknet sind die Blüten viel geschmacksintensiver als die Blätter des Basilikums. Von besonders blühfreudigen Sorten wie dem rotblättrigen Strauchbasilikum reichen meist schon ein bis zwei Pflanzen, um ein paar kleine Gläser zu füllen.*

# BASILIKUM-BLÜTEN
## getrocknet

*Basilikum 4ever!*

**ZUTATEN**

Blüten von Basilikumpflanzen, aus dem Topf oder Garten, alle Sorten

**ZUSÄTZLICH**

großes Tablett oder Blech
Schraubgläser

**HALTBARKEIT**

trocken gelagert im Glas: mind. 1 Jahr

Immer wenn Ihre Basilikumpflanzen Blütenstände gebildet haben, schneiden Sie die Blüten mit dem Stängel ab und legen sie auf Küchenkrepp an einem gut belüfteten Ort zum Trocknen. Sobald sie durchgetrocknet sind, streifen Sie die Blüten mit den Fingern von den Stängeln und füllen sie in ein Glas mit Deckel.

Sie können die Sorten dabei mischen oder, wie zum Beispiel beim Thai-Basilikum sinnvoll, getrennt abfüllen.

Dies können Sie über den ganzen Sommer und Herbst immer wieder machen und auf diese Weise Ihre Gläser füllen.

## UNSERE LIEBLINGSKOMBIS:

*Das ideale Gewürz zum Grillen: egal ob Hühnerkeule, Steak oder Gemüse.*

## MEDITERRANE OFENKARTOFFELN

*Kartoffeln schälen, vierteln oder achteln und locker in eine Ofenform legen. Mit dem Salz und Olivenöl vermischen. Im Backofen bei 180 °C (Heißluft mit Grillfunktion) oder bei 200 °C (Ober- und Unterhitze) circa 40 bis 45 Minuten goldgelb und weich backen. Zwischendurch einmal wenden.*

*Das Rezept für dieses Salz haben wir von unserer italienischen Freundin Floriana. Sie stellt es in großen Mengen her und verschenkt es laufend. Denn dieses Salz ist ein echter Allrounder und passt zu sehr vielen mediterranen Gerichten.*

# ITALIENISCHES SALZ

Für ca. 20–25 Schraubgläser (zu je 150 ml)

**ZUTATEN**

1 kg Salbei, frisch
1 kg Rosmarin, frisch
15 Lorbeerblätter, frisch
2 Knoblauchknollen
3 Chilischoten, getrocknet
600 g Schwarze Pfefferkörner
1 kg Salz, fein

**ZUSÄTZLICH**

Mixer, Abfülltrichter

**HALTBARKEIT**

trocken gelagert im Glas: mind. 1 Jahr

*Manca un po' di sale?*

Salbei-, Rosmarin- und Lorbeerblätter waschen. Knoblauchzehen aus der Knolle lösen und schälen. Alles mit Chili und Pfeffer im Mixer fein mahlen. Dann das Salz hinzugeben und noch einmal kurz mahlen. In Gläser abfüllen und diese verschließen.

Wenn Sie möchten, können Sie zum Beispiel auch Thymian verwenden und/oder die Schale von Bio-Zitronen dazugeben.

**UNSERE LIEBLINGSKOMBIS:**
*Das Salz passt sehr gut zu gekochtem oder gebratenem, weißem oder grünem Spargel. Außerdem würzen wir gerne Rindersteak nach dem Braten damit.*

*Gerade bei diesem Salz können Sie Ihre ausgekratzten Vanilleschoten verwenden. Denn auch so schmecken sie intensiv nach Vanille und sind viel zu schade zum Wegschmeißen.*

# VANILLE-LAVENDEL-SALZ

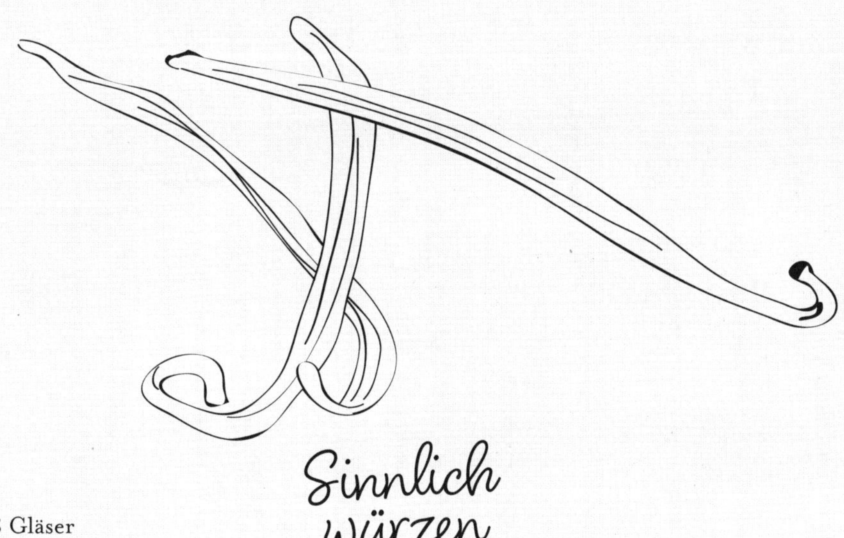

Sinnlich würzen

Für ca. 3 Gläser (zu je 150 ml)

**ZUTATEN**

5 Vanilleschoten
1–2 EL Lavendelblüten, frisch oder getrocknet
500 g Meersalz, grob

**ZUSÄTZLICH**

Mixer oder Universalzerkleinerer, Abfülltrichter

**HALTBARKEIT**

trocken gelagert im Glas: mind. 1 Jahr

Vanilleschoten in circa 0,5 cm lange Stücke schneiden. Mit dem Lavendel und dem Salz vermischen. Das Ganze im Mixer fein mahlen und in Gläser abfüllen. Alternativ können Sie die grobe Mischung auch in eine Gewürzmühle füllen.

**VARIIEREN SIE EINFACH:**

*Werden Sie kreativ und wandeln Sie dieses Grundrezept in viele verschiedene Variationen ab. Ergänzen Sie es doch mit Ingwer, Knoblauch, Chili und anderen Gewürzen. Oder erweitern Sie die Liste der Zutaten um einige Tomaten für Farbe oder um einige Pilze für einen besonders intensiven Geschmack.*

*Zugegeben, die getrocknete Gemüsebrühe macht ein wenig Mühe. Dafür ist das Ergebnis unheimlich praktisch und erleichtert das alltägliche Kochen ungemein. Wir haben hier unser Basisrezept aufgeschrieben, das Sie noch problemlos und nach Ihrem Geschmack variieren können.*

# GEMÜSE-BRÜHE getrocknet

Einfach praktisch!

Für ca. 3–4 Schraubgläser (zu je 150 ml)

**ZUTATEN**

800 g Zwiebeln
400 g Karotten
300 g Knollensellerie
150 g Petersilienwurzel
50 g Petersilie, frisch
300 g Salz

**ZUSÄTZLICH**

Mixer oder Universalzerkleinerer, Backblech(e), Backpapier

**HALTBARKEIT**

trocken im Glas: mind. 1 Jahr

Das ganze Gemüse waschen. Zwiebeln, Karotten, Sellerie und Petersilienwurzel schälen und in grobe Würfel schneiden. Petersilie (Blätter und Stängel) grob schneiden. Alles im Mixer sehr fein pürieren und mit dem Salz mischen. Ein bis drei Backbleche mit Backpapier belegen und die Masse möglichst gleichmäßig und flach darauf verteilen. Falls Sie nur ein Blech haben, die übrige Masse inzwischen in den Kühlschrank stellen und den Vorgang wiederholen.

Die Masse bei 75 °C (Ober- und Unterhitze) im Backofen für mehrere Stunden oder über Nacht durchtrocknen lassen. Die trockene und hart gewordene Masse im Mixer zu einem feinen Pulver zerkleinern und in Gläser abfüllen.

Für eine aromatische Gemüsebrühe geben Sie 3 bis 4 TL getrocknete Gemüsebrühe in 500 ml kochendes Wasser.

## SCHWARZES ÖL

*Mit dieser Lauchasche können Sie ein sehr aromatisches Öl herstellen, indem Sie einen Esslöffel davon in ein gutes, kaltgepresstes Öl (circa 50 ml) mischen. Das Öl ist weniger zum Grillen oder Braten gedacht, sondern eignet sich hervorragend, um gebratenem Fleisch oder Gemüse ein Grillaroma zu verleihen.*
*Alternativ können Sie Gerichte auch direkt mit der Asche würzen, so zum Beispiel Risotto oder Ziegenfrischkäse.*

## VARIIEREN SIE DOCH:

*Gemüseaschen können Sie auch problemlos aus anderen Gemüsen wie Sellerie oder Petersilie herstellen. Einfach ausprobieren!*

*Durch das Verkohlen des Gemüses entsteht ein intensiver Grillgeschmack mit einer leicht salzigen und zwiebeligen Note. Da bei diesem Vorgang nur pflanzliche Produkte verwendet werden, ist der Genuss völlig unbedenklich – im Grunde vergleichbar mit Kohletabletten ... nur wesentlich geschmackvoller!*

# LAUCH-ASCHE

*Unser schwarzes Küchengold!*

Für ca. 2–3 Schraubgläser (zu je 150 ml)

**ZUTATEN**

1 kg Lauch

**ZUSÄTZLICH**

Backblech, Mixer oder Universalzerkleinerer

**HALTBARKEIT**

trocken im Glas: theoretisch für immer

Lauchstangen mit einem Messer der Länge nach halbieren und gründlich waschen (beim Lauch verbergen sich Sand und Erde gerne zwischen den einzelnen Schichten). Dann die Wurzeln und die Spitzen des dunklen Lauchgrüns abschneiden. Den Lauch in kleine Stücke schneiden und auf dem Blech verteilen.

Im Ofen bei 220 °C (Ober- und Unterhitze) etwa 20 bis 30 Minuten backen, bis er komplett verkohlt ist. Es muss alles vollständig schwarz und verbrannt sein. Zwischendurch wenden. Abkühlen lassen, im Mixer zu einem feinen Pulver zerkleinern und in Gläser abfüllen.

# Allerlei FLÜSSIGES

*Party einmal anders: Laden Sie doch Ihre Freunde zu einer Verkostung Ihrer eingemachten Köstlichkeiten ein und bieten Sie allerlei zum Probieren aus Ihrem Vorrat an. Sie werden sehen: Farbe, Geschmack und Vielfalt werden beeindrucken!*

## CREMIGE KASTANIENSUPPE

*Für 4 Personen als Vorspeise: Kleine Zwiebel schälen, würfeln und in Butter anschwitzen, mit 250 ml Weißwein ablöschen, kurz reduzieren lassen. 400 g vorgekochte Esskastanien und 600 ml Hühnersuppe hinzugeben, 20 min köcheln, bis die Esskastanien weich sind. Pürieren, 200 ml Schlagsahne dazugeben und aufkochen. Mit Salz, Cayennepfeffer, gemahlenem Zimt und Piment abschmecken. Mit Kräutern oder Chiliöl garnieren.*

*Hühnersuppe gibt es in unendlich vielen Varianten. Wir haben uns hier für ein Grundrezept entschieden und geben Ihnen noch einige Tipps, wie Sie Ihre Hühnersuppe nach Geschmack abwandeln können.*

# HÜHNERSUPPE

Für ca. 5–6 Schraubflaschen oder -gläser (zu je 300 ml)

**ZUTATEN**

1 gelbe Zwiebel, groß
2 Karotten
1 Petersilienwurzel
1/2 Knollensellerie
1 kleine Stange Lauch
1 Bio-Suppenhuhn
1 TL Schwarze Pfefferkörner
ca. 2 l Wasser, kalt
2–3 EL Salz

**ZUSÄTZLICH**

10-Liter-Topf mit Deckel, feines Sieb, großes Gefäß mit Deckel, Abfülltrichter, Schöpflöffel

**HALTBARKEIT**

mind. 6 Monate

Zwiebel halbieren. Gemüse gründlich waschen und grob würfeln. Das Huhn je nach Topfgröße gegebenenfalls halbieren. Für eine kräftige Farbe die Zwiebelhälften mit der Schnittfläche nach unten in den heißen Topf legen und ohne Fett anbräunen lassen. Dann das restliche Gemüse, das Huhn und den Pfeffer hinzugeben und mit ca. 2 l kaltem Wasser auffüllen, sodass alles gut bedeckt ist. Salz hinzugeben und aufkochen lassen. Die Temperatur reduzieren und bei niedriger Hitze und mit geschlossenem Deckel für 1,5 bis 2 Stunden leicht köcheln. Falls nötig zwischendurch Wasser hinzugeben, damit immer alles bedeckt ist. Zum Schluss das Huhn aus dem Topf nehmen. Das Fleisch sollte sich jetzt leicht von den Knochen lösen lassen. Es kann dann beispielsweise als Suppeneinlage dienen oder im Salat gegessen werden. Die Suppe durch ein feines Sieb in das Gefäß gießen und über Nacht, am besten im Kühlschrank, kalt stellen. Am nächsten Tag hat sich das Fett an der Oberfläche angesammelt und ist fest geworden. So kann es problemlos abgenommen werden. Falls Sie das Fett nicht stört, können Sie diesen Schritt überspringen.

Die Suppe in einem Topf 5 Minuten sprudelnd kochen und sehr heiß in Schraubflaschen oder -gläser abfüllen und diese sofort verschließen. Dabei circa 2 cm zum Rand hin frei lassen. 60 Minuten einkochen (siehe Seite 22).

Sie können in Ihrer Hühnersuppe nach Geschmack noch Folgendes mitkochen: Petersiliengrün, Ingwer, Knoblauch, Piment, Zitronenschale, Korianderkörner, Nelken, Lorbeerblätter oder Chili.

## KLASSISCHE PHO BO

*Für 2 Personen als Hauptspeise: 1 l Suppe erhitzen und mit 4 EL Fischsauce, 15 g braunem Zucker und dem Saft von etwa 1 Limette abschmecken. 200 g Reisnudeln kochen und auf 2 große Suppenschüsseln aufteilen. Je Schüssel 75 g dünn geschnittene, rohe Rindfleischscheiben (zum Beispiel Hüftsteak), ein wenig fein geschnittene Zwiebel, Chili und eine Handvoll Sojasprossen auf die Nudeln geben. Mit sehr heißer Suppe auffüllen, dabei gart das Rind leicht durch. Mit reichlich frischen Kräutern, wie Koriander, Minze und/oder Thaibasilikum, garnieren.*

*Pho Bo ist eine vietnamesische Nudelsuppe, bei der die Brühe aus sehr lange gekochten Rinderknochen hergestellt wird. Da dies sehr aufwendig ist und sich für eine Portion kaum lohnt, ist diese Suppe ideal, um sie in größeren Mengen zu kochen und zu konservieren. Dann steht einem spontanen Pho-Bo-Genuss nichts im Weg.*

# VIETNAMESISCHE RINDSUPPE

## *Pho Bo*

Für ca. 8–10 Schraubflaschen oder -gläser (zu je 500 ml)

**ZUTATEN**

1,5 kg Rinderknochen in Stücken
2 Karotten
1 großes Stück Knollensellerie
2 Zwiebeln
1 großes Stück Ingwer
2 Knoblauchzehen
ca. 7 l Wasser
3–4 Stück Sternanis
10 Stück Nelken
2 Zimtstangen
1 EL Szechuanpfefferkörner
1 EL Fenchelsamen
Salz nach Geschmack

**ZUSÄTZLICH**

10-Liter-Topf mit Deckel, kleine beschichtete Pfanne, feines Sieb, großes Gefäß mit Deckel, Abfülltrichter, Schöpflöffel

**HALTBARKEIT**

mind. 6 Monate

Damit die Suppe klar wird, die Rinderknochen mit Wasser bedeckt im Topf kurz aufkochen, abgießen und beiseite stellen. Karotten, Petersilienwurzeln, Lauch und Sellerie gründlich waschen und in grobe Stücke schneiden. Ungeschälte Zwiebeln und Ingwer halbieren und ohne Fett im Topf anrösten. Knochen, Gemüse und Knoblauch hinzugeben und mit etwa 7 l Wasser auffüllen. Zum Kochen bringen und insgesamt circa 3 Stunden köcheln lassen. Nach 2 Stunden Gewürze ohne Fett in der Pfanne anrösten, bis sie anfangen zu duften, und zur Suppe geben. Mit Salz nur leicht abschmecken, weil bei der Pho Bo später noch salzige Fischsauce hinzukommt.

Die Suppe durch ein feines Sieb in das Gefäß gießen und über Nacht, am besten im Kühlschrank, kalt stellen. Am nächsten Tag hat sich das Fett an der Oberfläche angesammelt und ist fest geworden. So kann es problemlos abgenommen werden. Falls Sie das Fett nicht stört, können Sie diesen Schritt überspringen.

Die Suppe in einem Topf 5 Minuten sprudelnd kochen und sehr heiß in Schraubflaschen oder -gläser abfüllen und diese sofort verschließen. Dabei circa 2 cm zum Rand hin frei lassen. 60 Minuten einkochen (siehe Seite 22).

**UNSERE LIEBLINGSKOMBIS:**

*Der Essig passt ausgezeichnet zu Rindfleisch- und Spargelsalat. Wer möchte, kann auch die Mojo verde (Seite 117) mit dem Himbeeressig verfeinern.*

*Einfacher geht es eigentlich nicht. Und das Ergebnis ist ein wunderschöner roter Essig mit fruchtigem Aroma. Abgefüllt in hübsche Flaschen ist er ein tolles Geschenk. Da er aus unserer Sicht mit der Zeit besser wird, lohnt es sich eine große Menge herzustellen und ihn lange ziehen zu lassen.*

# HIMBEERESSIG

Darf in keinem Vorratsschrank fehlen!

Für ca. 10–12 Schraubflaschen (zu je 500 ml)

**ZUTATEN**

750 g Himbeeren, frisch
5 l Rotweinessig
10 Zweige Thymian

**ZUSÄTZLICH**

Flaschentrichter

**HALTBARKEIT**

mind. 2 Jahre

Himbeeren verlesen und putzen. Thymian waschen. In jede der Flaschen 75 g Himbeeren und 1 Zweig Thymian geben. Mit Essig aufgießen. Flaschen verschließen und dunkel lagern. Wir empfehlen, den Essig mindestens 6 Monate vor Gebrauch stehen zu lassen. Er wird im Laufe der Zeit immer runder und milder im Geschmack.

Wenn Sie möchten, können Sie den Essig später durch ein sehr feines Sieb oder einen Kaffeefilter abseihen. Wir finden die Himbeeren und die Zweige in den Flaschen jedoch schön und lassen sie meist dauerhaft darin.

### UNSERE LIEBLINGSKOMBIS:

*Träufeln Sie diesen Essig über geräucherten Fisch oder Obstsalat! Es lohnt sich, Sie werden sehen.*

### FRÜHLINGSHAFTES BLÜTENDRESSING

*Mixen Sie für einen frischen Blattsalat doch ein Dressing aus 1 EL Blütenhonig, 2 EL Holunderblütenessig, 3 EL kalt gepresstem Rapsöl, Salz und abgezupften, frischen Thymianblättchen. Getrocknete Korn- und Ringelblumen geben dem Ganzen noch Farbe.*

*Die prächtigen Holunderblüten gibt es in der Regel nur zwischen Ende Mai und Ende Juni. Die Mengenangabe bei den Blüten ist eine ungefähre Angabe – je mehr Sie verwenden, desto intensiver wird der Geschmack.*

# HOLUNDER-BLÜTENESSIG
## mit Honig

Für ca. 8–10 Schraubflaschen (zu je 300 ml)

**ZUTATEN**

350–400 g Holunderblüten, frisch
1 Bio-Zitrone
5–6 Pimentkörner
2 l Weißweinessig
600 g Honig

**ZUSÄTZLICH**

Schere, 1 großes Schraubdeckelglas (3 l) oder mehrere kleinere, feines Sieb, Passiertuch oder Kaffeefilter, 5-Liter-Topf, Flaschentrichter

**HALTBARKEIT**

mind. 2 Jahre

Holunderblüten von Schmutz und kleinen Insekten befreien, indem Sie die einzelnen Blüten kräftig schütteln oder seitlich gegen ein Holzbrett oder einen anderen Gegenstand klopfen. Da die Blüten schnell braun und unbrauchbar werden, müssen sie rasch verarbeitet werden. Waschen Sie die Blüten möglichst nicht, sonst verlieren sie ihr charakteristisches, intensives Aroma. Schneiden Sie dann mit einer Schere die Blüten von den Stängeln.

Zitrone heiß waschen und mit dem Sparschäler schälen. Blüten, Schale und Piment in das große Glas geben, die Blüten können gerne ein wenig zusammengedrückt werden (oder den Rest der Blüten nach ein paar Stunden hinzugegeben, wenn sie schon etwas zusammengefallen sind). Mit Essig auffüllen, verschließen und 2 bis 3 Monate dunkel lagern. Hin und wieder schütteln oder schwenken.

Nach der Ziehzeit durch das feine Sieb, gerne mit Passiertuch oder einem Kaffeefilter, in einen Topf abseihen. Honig zugeben und leicht erwärmen, bis sich der Honig aufgelöst hat. In Flaschen füllen und verschließen.

**GUT ZU WISSEN:**

*Kinder lieben diesen Sirup oder das daraus gekochte Gelee, weil der Geschmack stark an eine sehr beliebte und bekannte österreichische Kräuterlimonade erinnert.*

**WIESENGELEE**

*Sie können aus diesem Sirup auch ein Gelee kochen. Dazu 300 ml Sirup mit 700 ml Apfelsaft mischen, gegebenenfalls mit Zitronenschale oder -saft abschmecken und mit 50 g Pektin 5 Minuten einkochen. Heiß in Schraubgläser abfüllen.*

*Schafgarbe ist eine häufig anzutreffende Garten- und Wiesenpflanze. Sie blüht meist über mehrere Wochen je nach Standort und Witterung im Zeitraum von Mai bis September. Achten Sie darauf, dass die gesammelten Blüten nicht mit Pestiziden und Dünger in Kontakt gekommen sind.*

# WIESENKRÄUTER-SIRUP
## mit Schafgarbe

Für ca. 10–12 Schraubflaschen (zu je 300 ml)

**ZUTATEN**

500 g Schafgarbenblüten
5 Zweige Thymian, Blüten und Blätter
2 Bio-Zitronen
2 kg Zucker
2 l Wasser

**ZUSÄTZLICH**

Sparschäler, 5-Liter-Topf, feines Sieb, Passiertuch oder Kaffeefilter, Flaschentrichter

**HALTBARKEIT**

mind. 6 Monate

Blüten der Schafgarbe und Thymian kurz waschen. Zitronen heiß waschen, mit Sparschäler schälen und auspressen. Im Topf Zucker und Wasser erhitzen und unter Rühren leicht köcheln lassen, bis sich der Zucker vollständig aufgelöst hat. Abkühlen lassen und Kräuter sowie Zitronenschale und -saft hinzugeben.

Im Kühlschrank 1 bis 2 Tage ziehen lassen. Abseihen, nochmals kurz aufkochen und mit Hilfe des Trichters heiß in die Flaschen füllen und sofort verschließen.

Natürlich können Sie diesen Sirup mit verschiedenen essbaren Wiesenkräutern variieren.

## SCHNELLES JOHANNISBEERSORBET

*250 ml Johannisbeersirup mit 250 ml Prosecco und einem Schuss Wodka mischen. Als antialkoholische Alternative 200 ml Johannisbeer- oder Orangensaft verwenden. Die Mischung entweder in der Eismaschine zu Sorbet gefrieren oder für eine Granita (gefrorene Süßspeise mit einer körnigen Konsistenz) in eine flache Schale füllen und 2 bis 3 Stunden in den Gefrierschrank stellen. Dabei alle 30 Minuten mit einer Gabel umrühren, sodass eine körnig-kristallene Masse entsteht.*

*Schwarze Johannisbeeren, in Österreich auch Schwarze Ribisel genannt, sind typische Beeren zum Einkochen, bestens geeignet für Gelees, Säfte und Sirups.*

# JOHANNISBEER-SIRUP mit Gewürzen

Für ca. 12–14 Schraubflaschen (zu je 300 ml)

**ZUTATEN**

2,5–3 kg Schwarze Johannisbeeren, frisch oder tiefgefroren
1,6 kg Zucker
4 Bio-Orangen
2 Bio-Zitronen
400 g Honig
20 Stück Nelken
4 Stück Sternanis
4 Wacholderbeeren
4 Lorbeerblätter
1 EL Ingwer, gemahlen
2 TL Zimt, gemahlen

**ZUSÄTZLICH**

Dampfentsafter (Alternativen: siehe Seite 19), Sparschäler, 5-Liter-Topf, feines Sieb, Passiertuch oder Kaffefilter, Flaschentrichter

**HALTBARKEIT**

mind. 6 Monate

Johannisbeeren im Dampfentsafter mit wenig des angegebenen Zuckers entsaften (siehe Seite 19). Orangen und Zitronen heiß waschen, mit Sparschäler schälen und auspressen. Die Saftmenge sollte insgesamt 2 l sein, gegebenenfalls mit Wasser strecken. Im Topf mit dem Zucker zum Kochen bringen und unter Rühren köcheln, bis sich der Zucker aufgelöst hat. Restliche Zutaten hinzugeben, einmal kurz aufkochen lassen und nach dem Abkühlen 1 bis 2 Tage im Kühlschrank ziehen lassen.

Abseihen, nochmals kurz aufkochen und mit Hilfe des Trichters heiß in die Flaschen füllen und diese sofort verschließen.

# Golden Milk

**CHAI-KURKUMA-LATTE**

*200 ml Milch in einem Topf oder in der Mikrowelle heiß machen, nicht kochen. 3 EL Sirup einrühren. Falls gewünscht mit Milchaufschäumer oder einem Schneebesen leicht aufschäumen und mit Zimt bestreuen. Heiß trinken.*

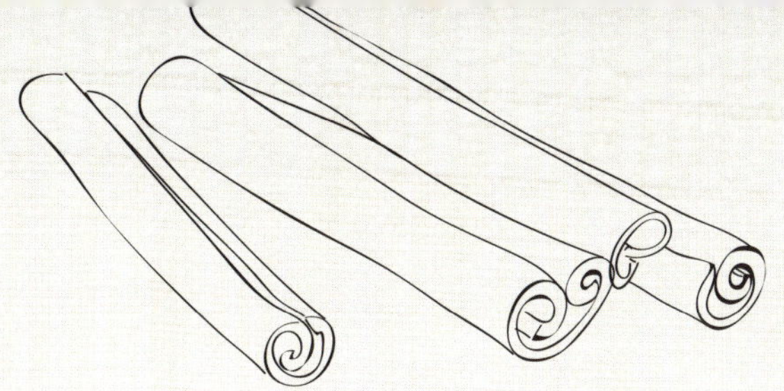

# CHAI-SIRUP

Für ca. 8–10 Schraubflaschen (zu je 300 ml)

**ZUTATEN**

20 g Schwarztee, lose oder im Beutel
2 l Wasser
1 großes Stück Kurkuma, frisch (alternativ: Ingwer)
1,2 kg brauner Zucker
30 Stück Nelken
8 Zimtstangen
8 Stück Sternanis
4 EL Kardamomkapseln
1 EL Schwarze Pfefferkörner
1 EL Fenchelsamen

**ZUSÄTZLICH**

5-Liter-Topf, kleine, beschichtete Pfanne, feines Sieb, Passiertuch oder Kaffeefilter, Flaschentrichter

**HALTBARKEIT**

mind. 6 Monate

Schwarztee mit kochendem Wasser aufbrühen und 3 bis 4 Minuten ziehen lassen. Abseihen und wieder in den Topf geben. Kurkuma waschen und in Scheiben schneiden. Tee mit Zucker aufkochen und unter Rühren köcheln lassen, bis sich der Zucker aufgelöst hat.

Die Gewürze in der Pfanne ohne Fett anrösten, bis sie anfangen zu duften und so ihr volles Aroma entfalten. Gewürze und Kurkuma zur Tee-Zucker-Mischung geben und das Ganze circa 20 Minuten köcheln lassen.

Abseihen, im Topf nochmals kurz aufkochen und mit Hilfe des Trichters heiß in die Flaschen füllen. Sofort verschließen und abkühlen lassen.

**VARIIEREN SIE EINFACH:**

*Durch die Hibiskusblüten bekommt unser Tonic-Sirup eine intensive rote Farbe. Sie können bei diesem Rezept bei den Gewürzen sehr stark variieren. Gute Alternativen sind zum Beispiel: Kaffir-Limettenblätter, Lorbeerblätter, Wacholderbeeren, Rosmarin, Sternanis, Kardamom, Zimt, Nelken, Kurkuma und Ingwer. Da die Chinarinde sehr intensiv (bitter) im Geschmack ist, immer auch reichlich der anderen Zutaten verwenden.*

**RED GIN & TONIC**

*Longdrinkglas mit Eiswürfeln füllen. 4 cl Gin, 2 cl Tonic-Sirup und eine eingelegte oder kandierte Hibiskusblüte mit 100 ml Soda aufgießen. Rosa oder Schwarzen Pfeffer darübermahlen.*

**TONIC WATER**

*Mischen Sie 1 Teil Sirup mit 6–8 Teilen Mineral- oder Sodawasser.*

*Die Rinde des Chinarindenbaums ist, durch das enthaltene Chinin, für den bitter-frischen Geschmack von Tonic Water verantwortlich. Anstatt fertiges Tonic Water zu kaufen, können Sie mit diesem Sirup oder Varianten davon, gemischt mit Sodawasser, Ihr eigenes kreieren. Chinarinde kaufen Sie am besten in der Apotheke Ihres Vertrauens.*

# TONIC-SIRUP *mit Hibiskus*

Für ca. 10–12 Schraubflaschen (zu je 300 ml)

**ZUTATEN**

2 Bio-Orangen
2 Bio-Zitronen
2 Bio-Limetten
200 g Zitronengras
2 l Wasser
30 g Chinarinde
10 g Hibiskusblüten, getrocknet
2 EL Pimentkörner
1 EL Schwarze Pfefferkörner
2 g Salz
10 g Zitronensäure
1,2 kg Zucker, alternativ: Agavensirup

**ZUSÄTZLICH**

Sparschäler, 5-Liter-Topf, Sieb, Passiertuch oder Kaffeefilter, Flaschentrichter

**HALTBARKEIT**

mind. 6 Monate

Orangen, Zitronen und Limetten heiß waschen, mit dem Sparschäler schälen und Saft auspressen. Zitronengras waschen und mit einem Messerrücken der Länge nach etwas weichklopfen. Alle Zutaten bis auf den Zucker zum Kochen bringen und 20 Minuten köcheln lassen.

Durch ein Sieb abseihen und anschließend noch durch ein Tuch oder einen Kaffeefilter filtrieren.

Die Flüssigkeit zurück in den Topf geben und mit dem Zucker aufkochen. Noch heiß mit Hilfe des Trichters in die Flaschen abfüllen und diese sofort verschließen.

Bitte beachten Sie: Unser Tonic-Sirup enthält Chinin und sollte daher nicht von Schwangeren, stillenden Müttern und von Personen mit Tinnitus oder einer Unverträglichkeit gegen chininhaltige Lebensmittel konsumiert werden.

**MOSCOW MULE**

*In einen Kupferbecher oder eine Kupfertasse zwei Limettenviertel auspressen. Einige Eiswürfel, einen Minzezweig und 5 cl Wodka hinzugeben. Mit circa 150 ml Ginger Beer auffüllen und kurz umrühren.*

Prost!

*Bei unserem Ginger Beer handelt es sich um ein nur leicht alkoholisches Getränk mit unter 1 % Vol. Alkoholgehalt – ungefähr so wie bei alkoholfreiem Bier. Der Alkohol entsteht durch Hefegärung. Da die Hefe in den Flaschen noch leicht weitergärt, sollten Sie unbedingt Plastikflaschen verwenden und diese dann im Kühlschrank aufbewahren.*

# GINGER BEER

Für 4 1-Liter-Plastikflaschen

**ZUTATEN**

10 cm Bio-Ingwer, unbedingt ungeschält
500 ml Wasser
260 g brauner Zucker
1 g Salz
3 Bio-Zitronen
2 Bio-Limetten
1/4 TL Trockenhefe

**ZUSÄTZLICH**

feine Küchenreibe, 1-Liter-Topf, Sieb, Passiertuch oder Kaffeefilter, Flaschentrichter

**HALTBARKEIT**

im Kühlschrank: ca. 2 Wochen

Ingwer waschen und fein reiben. Wasser und Zucker im Topf unter Rühren erhitzen, bis sich der Zucker aufgelöst hat. Salz und Ingwer hinzugeben und auf Zimmertemperatur abkühlen lassen. Zitronen und Limetten heiß waschen, Schale abreiben und Saft auspressen. Zur Flüssigkeit geben, umrühren und in die Plastikflaschen füllen, dabei überall gleich viel einfüllen. Die Flaschen bis circa 3 cm unter den Flaschenrand mit kaltem Wasser auffüllen. Kurz schütteln und kosten. Nach Belieben mit Zucker abschmecken. Die Hefe auf die Flaschen verteilen, fest verschließen und gut schütteln.

Zwischen 12 und 48 Stunden bei Raumtemperatur stehen lassen (nicht in die Sonne stellen). Je wärmer es ist, desto schneller gärt es. Das Ginger Beer ist fertig, wenn sich die Flaschen sehr prall anfühlen und sich kaum mehr eindrücken lassen.

Eine der Flaschen (zur Sicherheit über dem Spülbecken oder draußen) vorsichtig öffnen. Kosten und, wenn nicht genug Kohlensäure enthalten ist, noch einige Stunden stehen lassen. Dann in den Kühlschrank stellen.
Zum Trinken durch ein feines Sieb in die Gläser füllen.

## MERINGUE-APRIKOSEN-TRAUM

*Für die Meringue (auch italienisches Baiser genannt): 2 Eiweiße mit 25 g Zucker in der Küchenmaschine cremig, aber nicht ganz fest schlagen. 40 ml Wasser und 75 g Zucker in einem kleinen Topf aufkochen, bis das Gemisch circa 118 °C erreicht. Mit Zuckerthermometer (ohne geht es nicht) kontrollieren. Küchenmaschine wieder einschalten und den heißen Zucker unter ständigem Rühren langsam in den Eischnee fließen lassen. Nicht zu schnell, sonst stockt das Eiweiß. Nun auf höchster Stufe so lange schlagen, bis die Masse auf Zimmertemperatur abgekühlt ist.*

*Für das Dessert: Aprikosenhälften mit braunem Zucker bestreuen und mit einem Küchenbunsenbrenner abflämmen. Meringue mit Hilfe eines Spritzbeutels aufspritzen und ebenfalls abflämmen. Mit Amarettinibrösel und Likör garnieren.*

*In den traditionellen Aprikosenanbaugebieten in Österreich hat gefühlt jede Familie ihr eigenes Rezept für „Marillenlikör". Wir haben die Version unserer Freundin Susi aus der Wachau übernommen und leicht abgewandelt.*

# APRIKOSEN-LIKÖR mit Ingwer

Für ca. 12–15 Schraubflaschen (zu je 300 ml)

**ZUTATEN**

1 kg Aprikosen, frisch oder tiefgefroren
5 cm Ingwer
1,25 l Wasser
750 g Zucker
700 ml Wodka

**ZUSÄTZLICH**

5-Liter-Topf, Küchenreibe, Passiermühle, Flaschentrichter

**HALTBARKEIT**

mind. 1 Jahr

Aprikosen halbieren und entkernen. Ingwer waschen und fein reiben. Beides im Topf mit dem Wasser circa 10 min kochen. Durch die Passiermühle drehen und in den Topf zurückgeben. Mit Zucker versetzen und erneut kurz sprudelnd aufkochen. Abkühlen lassen und erst dann den Alkohol zugeben. In die Flaschen füllen.

Der Likör hat in etwa einen Alkoholgehalt von 15 % Vol. bis 18 % Vol.

Wollen Sie Ihren Likör ganz klassisch, lassen Sie einfach den Ingwer weg. Sie können auch Weingeist oder reinen Alkohol statt Wodka verwenden, damit erhöht sich entsprechend der Alkoholgehalt.

**GUT ZU WISSEN:**

*Wenn Sie die angesetzten Kirschen verwenden möchten, füllen Sie diese in Schraubgläser und gießen Sie sie mit Likör auf. Wer möchte, kann auch noch einen Schuss Amaretto hinzugeben. Einfach zum Naschen oder Verfeinern von Desserts & Mehlspeisen!*

*Da bei unserem Rezept die Kerne in den Sauerkirschen bleiben und mitziehen, schmeckt unser Likör nicht nur nach Kirsche, sondern nimmt auch den intensiven Mandelgeschmack der Kerne an.*

# SAUERKIRSCH-LIKÖR

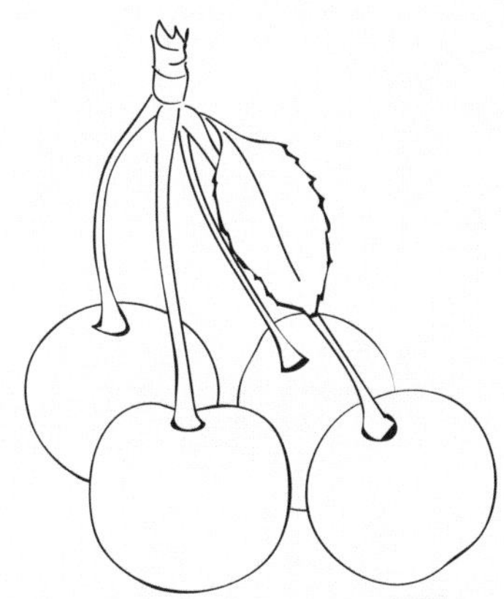

Für ca. 10-12 Schraubflaschen (zu je 300 ml)

**ZUTATEN**

3 kg Sauerkirschen, reif
1,5 kg Zucker
2 l Wodka
4 Zimtstangen
2 Zweige Minze

**ZUSÄTZLICH**

großes Glas mit Deckel (6 l), großes Sieb, Flaschentrichter, je nach Bedarf einige Schraubgläser für die Kirschen

**HALTBARKEIT**

mind. 1 Jahr

Sauerkirschen waschen, verlesen und mit allen anderen Zutaten in das große Glas füllen. Fest verschließen und bei Raumtemperatur mind. 6 Wochen stehen lassen. Zwischendurch leicht schütteln oder schwenken, damit sich der Zucker besser auflöst.

Durch ein großes Sieb abseihen. Den fertigen Likör in die Flaschen füllen und diese verschließen.

Der Likör hat in etwa einen Alkoholgehalt von 25 % Vol. bis 30 % Vol.

Cin, cin!

**GUT ZU WISSEN:**

*Deponieren Sie eine Flasche Ihres Limoncellos im Gefrierschrank. Eisgekühlt schmeckt er nämlich am besten. Durch den hohen Alkoholgehalt gefriert er nicht und es besteht auch keine Gefahr, dass die Flasche reißen könnte.*

*Der klassische Digestif aus Italien. Der darin verwendete Weingeist oder reine Alkohol ist in Deutschland und Österreich noch immer relativ teuer und schwer zu finden. In Italien findet man ihn – als Basis für diverse Liköre – hingegen in jedem Supermarkt. Mitbringen oder mitbringen lassen, lohnt sich auf alle Fälle.*

# LIMONCELLO

Für ca. 10–12 Schraubflaschen (zu je 300 ml)

### ZUTATEN

10 Bio-Zitronen
1 l reiner Alkohol (96 % Vol.)
750 g Zucker
1,5 l Wasser

### ZUSÄTZLICH

Eiswürfelbeutel oder -formen oder verschließbares Plastikgefäß, 1,5-Liter-großes Glas mit Deckel, Sparschäler, 3-Liter-Topf, Sieb

### HALTBARKEIT

mind. 1 Jahr

Zitronen heiß waschen, mit dem Sparschäler schälen und auspressen. Den Zitronensaft durch ein feines Sieb filtern, um das Fruchtfleisch zu entfernen, dann in Eiswürfelbeutel oder -formen (alternativ in ein Plastikgefäß) füllen und einfrieren. Zitronenschale in das Glas geben und mit Alkohol auffüllen. Verschließen und circa 10 Tage stehen lassen.

Zucker und Wasser miteinander aufkochen und unter Rühren köcheln lassen, bis sich der Zucker aufgelöst hat. Vom Herd nehmen und den gefrorenen Zitronensaft (möglichst erst drei Viertel davon) zum Zuckersirup geben. Die Alkohol-Zitronenschalen-Mischung abseihen und mit dem Sirup mischen. Mit weiterem Zitronensaft abschmecken. In Flaschen füllen.

Verwenden Sie auch die Schalen anderer Zitrusfrüchte wie Limetten und Orangen. Bei Orangen schmecken Sie zusätzlich mit ein wenig Zitronensäure ab. Außerdem können Sie Gewürze wie Nelken, Zimtstangen oder frische Basilikumzweige mit in den Alkohol geben.

Unser Limoncello hat in etwa einen Alkoholgehalt von 32 % Vol. bis 36 % Vol.

# Zu guter LETZT

*So finden am Ende alle Dinge irgendwie ins Glas.*
*Und für jedes Glas findet sich auch das passende Deckelchen.*

# GLOSSAR

### ABFÜLLTRICHTER

spezielle Trichter zum schnellen und sauberen Abfüllen von heißen Produkten in die Gläser. Am besten aus Metall, teils mit aufsteckbaren Aufsätzen für unterschiedliche Glasgrößen.

### CHUTNEY

süß-saure, teils scharfe Sauce der indischen Küche. Die Briten brachten sie während der Kolonialzeit nach Europa, wo sie vor allem aus verschiedenen Gemüse- und Obstsorten, Gewürzen sowie Zucker und Essig hergestellt werden.

### DAMPFENTSAFTER

Gerät zur Herstellung von Fruchtsäften mit Hilfe von Wasserdampf. Großer Topf mit Einsätzen und Abfüllauslass. (weitere Informationen finden Sie auf Seite 19)

### EINKOCHAUTOMAT / -TOPF

praktisches Gerät zum Einkochen von Gläsern. Erhältlich in verschiedenen Ausführungen und von unterschiedlichen Herstellern. (weitere Informationen finden Sie auf Seite 22)

### EINMACHGLÄSER / -FLASCHEN

bestehend aus gläsernen Behältern, Glasdeckeln und Gummiringen, die als Abdichtung fungieren und die Gläser während des Einkochens luftdicht verschließen. Vor allem für Produkte, die nach dem Abfüllen noch eingekocht werden. Bekannte Marken sind Weck und Rex. (weitere Informationen finden Sie auf Seite 15)

### FLASCHENTRICHTER

Trichter zum Abfüllen von Flüssigkeiten und feinkörnigen Massen in Flaschen. Er hat einen möglichst schlanken Hals, damit er problemlos in schmale Flaschenhälse passt.

### FLEISCHWOLF

Gerät zum feinen Zerkleinern beziehungsweise Mahlen (fachsprachlich „Wolfen“ oder „Faschieren“) von rohem oder gegartem Fleisch oder Fisch, ebenso auch gekochtem Gemüse und ähnlichen Lebensmitteln. Verschiedene Lochscheiben ermöglichen unterschiedlich feine Mahlgrade.

**GELEE** (aus Fruchtsaft)
süßer, fruchtiger Brotaufstrich aus Fruchtsäften, Zucker und pflanzlichen Geliermitteln wie Pektin. Da die Masse keine Fruchtstücke enthält, ist sie meistens klar.

**GELIERZUCKER**
im Handel erhältliche, verwendungsfertige Mischung aus Zucker und Geliermittel für Konfitüren, Marmeladen und Gelees. Immer nach Packungsanweisung verwenden. (weitere Informationen finden Sie auf Seite 20)

**KONFITÜRE**
Brotaufstrich aus Zucker und eingekochten Früchten. Für eine cremige Konsistenz wird die Masse entweder sehr lange gekocht und somit der Flüssigkeitsgehalt stark reduziert oder auf ein pflanzliches Geliermittel wie Pektin zurückgegriffen.

**KÜCHENBUNSENBRENNER**
kleiner, gasbetriebener Bunsenbrenner für den Gebrauch in der Küche. Er eignet sich vor allem zum schnellen Abflämmen von Gerichten, zum Beispiel von der Zuckerkruste einer Crème brûlée.

**MARMELADE**
allgemein: Konfitüre aus Zitrusfrüchten. Im österreichischen und süddeutschen Raum gängiger Begriff für alle Konfitüren.

**PASSIERMÜHLE**
umgangssprachlich auch „Flotte Lotte" genannt. Unerwünschte Bestandteile wie zum Beispiel Schalen und Kerne können so schnell und unkompliziert entfernt werden. Grobe Massen werden gemust. Erhältlich mit unterschiedlich feinen Einsätzen.

**PEKTIN**
natürliches Geliermittel für Konfitüren, Marmeladen und Gelees. Gewonnen aus Äpfeln, Rüben oder Zitrusfrüchten. Für die Anwendung mit etwa der doppelten Menge Zucker vermengen und in die fertig gekochte Masse rühren. 5 Minuten kochen und dann abfüllen. (weitere Informationen finden Sie auf Seite 20)

**SCHRAUBGLÄSER /-FLASCHEN**
auch Twist-off-Gläser genannt. Das Glas wird durch die Gummibeschichtung auf der Deckelinnenseite luftdicht verschlossen. Ideal für Konfitüren und andere heiß abzufüllende Produkte, die nicht noch im Glas eingekocht werden. (weitere Informationen finden Sie auf Seite 15)

**UNIVERSALZERKLEINERER**
auch unter dem Begriff Moulinette (nach einem Hersteller) bekanntes Elektrogerät, ähnlich einem Mixer. Kleinere Mengen Lebensmittel wie Gewürze, Kräuter, Nüsse oder Zwiebeln können damit zerkleinert werden.

**ZUCKERTHERMOMETER**
für die Zubereitung von Speiseeis, Süßspeisen oder für Speisen aus Schokolade oder in der Konfiserie.

# REGISTER

**T**



**V**



**W**



**Z**

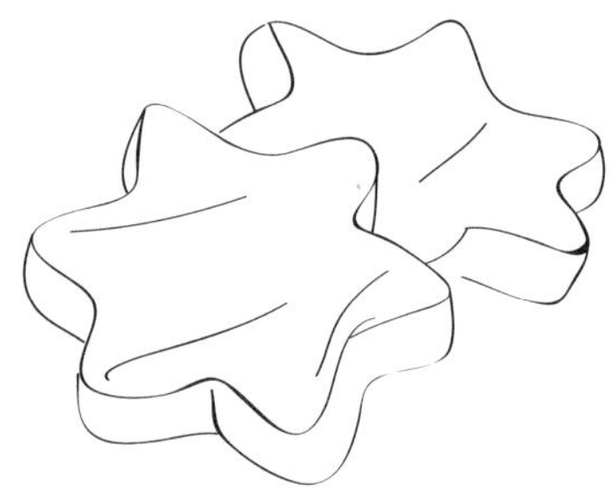

| DEUTSCH | ÖSTERREICHISCH |
|---|---|
| Aprikosen | Marillen |
| Auberginen | Melanzani |
| Eigelb | Eidotter |
| Eiweiß | Eiklar |
| Esskastanien | Maroni |
| Hackfleisch | Faschiertes |
| Hefe | Germ |
| Johannisbeeren | Ribisel |
| Kartoffeln | Erdäpfel |
| Konfitüre | Marmelade |
| Lauch | Porree |
| Meerrettich | Kren |
| Ochsenschwanz | Ochsenschlepp |
| Pfannkuchen | Palatschinken |
| Sahne | Obers |
| Sauerkirschen | Weichseln |
| Saure Sahne | Sauerrahm |
| Schlagsahne | Schlagobers |
| Knollensellerie | Knollenzeller |
| Traubenmost | Sturm |

## ABKÜRZUNGEN

ml = Milliliter

l = Liter

g = Gramm

kg = Kilogramm

TL = Teelöffel

EL = Esslöffel

mind. = mindestens

# DANKE!

Ganz nach unserer *schön und gut*-Philosophie sehen wir dieses Buch als Einheit aus kurzweiligem Inhalt und toller Gestaltung. Das besondere optische Erlebnis verdanken wir zu guten Teilen auch unserem Freund und Fotografen Gregor Hofbauer, der unendlich viel Zeit, Detailversessenheit und Liebe in jedes einzelne Motiv und Foto eingebracht hat. Dein Einsatz ist für uns unbezahlbar!

Eine neue Zusammenarbeit ist immer auch ein kleines Experiment und eine Fahrt ins Ungewisse! Wir sind überglücklich, dass uns der Löwenzahn Verlag das Vertrauen geschenkt hat, dieses Buch mit uns umzusetzen, und uns dabei sehr viel freie Hand bei der inhaltlichen und gestalterischen Umsetzung gelassen hat. Wir bedanken uns bei Anita Winkler, Magdalena Venier, Katharina Schaller und Theresa Frank für ihre großartigen Inputs und die tolle Zusammenarbeit!

Unser herzlichster Dank gilt Sandra Haischberger von der Porzellanmanufaktur feinedinge* – *www.feinedinge.at* – für die vorrübergehende Aufstockung unseres privaten Geschirrkonvoluts und Müller Glas – *www.muellerglas.at* – für die große Auswahl an Einmach- und Schraubgläsern, die uns für die Fotoshootings zur Verfügung gestellt wurden. Dem Team vom Digitalkameraverleih – *www.digitalkameraverleih.com* – danken wir herzlich für das großartige Equipment und den tollen Service.

Nicht alle Rezepte in diesem Buch sind unsere ureigenen Kreationen. Familienmitglieder und Freunde haben uns liebenswürdigerweise unterstützt: Wir bedanken uns daher ganz herzlich bei Philipp und Sigi Stummer für eine Vielzahl an Rezepten und Ideen, Erika und Otto Stamm, Robert Stummer, Patrizia Boidi, Gregor Hofbauer, Gerhard Oyrer, Guido Frati, Christine Lang, Floriana Bellini und Susi Indra.

Ohne die liebenswerte Mithilfe von Gabi, Dominik, Aidan, Christopher, Pamina, Maria, Martina, Romualdo, Mohammed, Lili und Julian als Fotomodells und Christopher Wurmdobler und den screenagers für die Bereitstellung ihrer Küchen als Fotolocations wäre es uns nicht möglich gewesen, die besonderen Stimmungen für unsere Kapitelfotos einzufangen. Wir bedanken uns auch herzlich für die freundliche Unterstützung von Karin Zumann sowie Barbara und Karl Hofbauer.

In unserem Buch stecken ungezählte Stunden kreativen Schaffens und sehr viel Liebe zum Detail. Besonderer Dank gilt dabei auch Julian Oberdörfer für seinen tatkräftigen Einsatz.

Zu guter Letzt und ganz besonders bedanken wir uns bei unseren Mamas und Omas, die uns von klein auf das Einkochen nähergebracht haben, anstatt uns schnell wieder aus ihren Küchen zu verjagen. Sie standen uns immer mit Rat und Tat zur Seite und haben uns geholfen, unsere Kochkünste zu verfeinern. Monika Stummer hat uns für die Produktion der *schön und gut*-Gläser jahrelang in ihrer Gastronomieküche ertragen und auch Erika Stamm hat die eine oder andere große Einkochaktion in ihrer italienischen Cucina miterlebt. Besonderer Dank gilt Ottilie Stummer, die über viele Jahre die besten Marmeladen und unzählige Sorten und Kilos Weihnachtskekse für unsere Märkte zur Verfügung gestellt hat.

# s'Leben is fad' ohne MARMELAD'

*und Konfitüre und Ketchup und Chutney und Sugo und Pesto und Sirup und Likör … und allem anderen, das mit viel Liebe selbst eingekocht und mit Familie und Freunden genussvoll verspeist wird.*